中华先锋人物
故事汇

张海迪

轮椅上的远行者

ZHANG HAIDI
LUNYI SHANG DE YUANXINGZHE

汤素兰 著

党建读物出版社　接力出版社

图书在版编目（CIP）数据

张海迪：轮椅上的远行者／汤素兰著．—北京：党建读物出版社；南宁：接力出版社，2019.4（2024.12重印）
（中华人物故事汇．中华先锋人物故事汇）
ISBN 978-7-5099-1082-5

Ⅰ.①张… Ⅱ.①汤… Ⅲ.①传记小说－中国－当代 Ⅳ.①I247.5

中国版本图书馆CIP数据核字(2018)第276575号

张海迪——轮椅上的远行者
汤素兰 著

责任编辑：	李雅宁　廖灵艳
文字编辑：	王　燕
责任校对：	王　静　杜伟娜
装帧设计：	严　冬　许继云　　美术编辑：高春雷
出版发行：	党建读物出版社　接力出版社
地　　址：	北京市西城区西长安街80号东楼（邮编：100815）
	广西南宁市园湖南路9号（邮编：530022）
网　　址：	http://www.djcb71.com　　http://www.jielibj.com
电　　话：	010-65547970/7621
经　　销：	新华书店
印　　刷：	保定市中画美凯印刷有限公司

2019年4月第1版　2024年12月第13次印刷
787毫米×1092毫米　32开本　5.625印张　90千字
印数：155 001—161 000册　定价：22.00元

版权所有　侵权必究

质量服务承诺：如发现缺页、错页、倒装等印装质量问题，可直接联系本社调换。
服务电话：010-65545440

目录

写给小读者的话 ············ 1

顽皮的孩子 ············· 1

女英雄玛丽黛 ············ 9

突然的灾难 ············· 17

上学梦 ················ 27

芭蕾仙子 ··············· 39

小老师 ················ 49

一支口琴 ··············· 59

自学针灸 ··············· 69

死亡的洗礼 ············· 79

最佳突破口············89

她像一团火············101

荣誉的光环············111

为文学而战············121

爱情的故事············133

从零到三百三十八环······147

更广阔的世界···········159

写给小读者的话

亲爱的小读者朋友们，你们听过"张海迪"这个名字吗？在你们的爸爸妈妈年轻的时候，这个名字可是家喻户晓，人人传颂呢！那个时候，全国上下都掀起了"向张海迪学习"的热潮，这个美丽的姑娘感动和激励了一代中国人，她到底有什么样的人格魅力，才成了全中国人的学习楷模呢？

一九五五年，张海迪出生在一个平静而祥和的幸福家庭，五岁半时的一场疾病击倒了这个可爱的姑娘，海迪的人生之路刚刚开始就被命运残忍地折断了——她的下肢再也不能移动，她此生都只能在轮椅上度过。漫漫求医之路，当少年海迪明白自己的双腿再也没有恢复的可能性以后，她以超越常人的勇气与毅力，决定要更加积极地热爱生活，拥抱这个世界。

为了不让更多的人承受疾病的折磨，海迪自学针灸；为了能读懂进口药物的说明书，她又开始学习英语，接着是法语、日语……无法行走从来没有阻挡过海迪的脚步，她一直如饥似渴地行走在求知之路上。

海迪像一团火，像一束光，她永不气馁，一次次挑战极限：学习无线电知识，练习射击，创作文学作品，关注残疾人权益……她的人生没有极限，她用残疾的双腿，走出了人生广阔的天地。

顽皮的孩子

一九五五年九月的一天,一个漂亮的女孩降生在泉城济南,她就是张海迪。

海迪出生的时候,爸爸妈妈还没有给她想好名字。海迪的爸爸妈妈都是文艺工作者,海迪是他们的第一个孩子,他们觉得孩子的名字既要有文艺性,又要能代表希望,可不能随便取。夫妻俩在本子上记下一个个好听的名字,又打开字典反反复复查阅,还是拿不定主意。亲朋好友、左邻右舍过来看孩子,问起孩子叫什么名字,海迪爸爸摇摇头,不好意思地说:"还没有想好呢。"眼看十多天过去了,派出所那边催着他们给孩子登记户口,可孩子的名字还没有着落,于是,隔壁一位性情豪爽的大嫂给拿了一个主意："孩子就叫'玲玲'吧，又顺口又响亮，先这么登记着，等你们想到了好名字，再改过来。"

于是，派出所就在他们的户口本上登记了"玲玲"这个名字，它是海迪的乳名。

海迪的妈妈是学声乐的，她特别喜欢一首外国歌曲《尼罗河之歌》，每当唱起这首歌，她就会想到大海。而海迪的爸爸是在海边长大的，也特别喜欢大海。有一天，当海迪妈妈又唱起《尼罗河之歌》的时候，她说："咱们给孩子取名为海笛吧！大海的笛声，美妙，动听。"海迪爸爸想了想，说："这名字好听是好听，可是'海笛'两个字还不够含蓄，咱们把'笛'字改成'迪'字，怎么样？——海迪，辽阔的大海，蕴含着对人们的多少启迪啊……"海迪妈妈说："好，好！就叫海迪！咱们孩子的大名，就叫张海迪！"

漂亮的海迪在爸爸妈妈的精心呵护下，一天天成长起来。她十个月的时候就会叫爸爸妈妈，十一个月的时候就学会走路了，而且她对画画、读书和听故事特别感兴趣，两岁的时候，她就会自己翻看图画书了。

小海迪对世界上的一切都充满好奇,她总有问不完的问题:

"为什么月亮在天上,不会掉下来呢?"

"风是从哪里来的,又到哪里去了呢?"

她精力旺盛,是个"破坏大王"。

爸爸妈妈给她买的玩具,总是刚玩一会儿就被她大卸八块。

会摇头的不倒翁,她要打开来看一看里面藏着什么东西;一推轱辘就转动的小汽车,她要把车轱辘拆下来;一捏就叫的橡皮鸭,她要把它从里到外翻过来……

妈妈看到家里到处是乱七八糟的玩具零件,气得骂海迪是个"破坏大王"。不过,爸爸倒是很理解海迪,爸爸说:"没有破坏就没有创造!要创造,就需要摸索。咱们家玲玲可不是破坏大王,是个探索家。是不是,玲玲?"

"是啊,是啊,"海迪指着被她翻转过来的橡皮鸭,对爸爸说,"我知道橡皮鸭为什么会叫了,原来它的身子里面藏着一个小哨子呢!"

爸爸高兴地抱起海迪，亲亲她可爱的小脸，说："哎呀，咱们玲玲可了不得，将来肯定能当个探索家！"

三岁的时候，海迪穿上了印着"市保育院"字样的白兜兜儿——她上幼儿园了。

幼儿园有许多小朋友，海迪会讲故事，会唱歌，会跳舞，还会调皮捣蛋，很快就成了"孩子王"。

有一天，海迪生病了，发烧，两腮一边鼓起一个大包。接着，班上还有五个小朋友也得了和海迪一样的病。医务室的叔叔说，他们得的是腮腺炎，需要隔离，以免传染给别的小朋友。

隔离室是一间十分整洁的小房子，透过窗户，能看到外面的小院子。隔离室里面靠墙放着带栏杆的小床，海迪数了数，小床一边三张，一共是六张。她又数了数隔离室里的小朋友，加上她自己，一共是六个人。五个是男孩子，只有海迪一个女孩子。

在隔离室里，他们每天都得打针吃药。

医生让六个小朋友排好队,一人端一个小缸子。医生把一些花花绿绿的药片放在小朋友们的手心里,告诉他们:"把这些药片吃下去,你们腮帮子上的包才会消掉,你们的病才会好。"

可是,药片是苦的,谁也不肯吃。

医生说:"我看看哪个小朋友最勇敢,谁能带头吃药?"

男孩子们你看看我,我看看你,谁也不肯第一个吃药。

海迪走上前去,把药片扔进嘴里,喝一口缸子里的水,像小公鸡一样,一仰脖子,咕咚,把药片吞下去了。

"玲玲真勇敢!"医生夸奖海迪,"大家都要向玲玲学习,像玲玲一样勇敢!"

有了海迪带头,其他小朋友也赶紧把手里的药片扔进嘴里,喝一口缸子里的水,像小公鸡一样,一仰脖子,咕咚,都把药片吞下去了。

吃了药,还得打针。

打针更是考验每个小朋友勇敢不勇敢的好机会。虽然海迪也害怕打针,虽然她知道那一针猛地扎到屁股上会有说不出的疼痛，但她还是第一个站出来接受打针。医生打针的时候，海迪咬住牙，把脸憋得像西红柿一样红也不哭。

不打针不吃药的时候，只要管理隔离室的阿姨一离开，海迪就会带头在隔离室的床上翻跟头，竖蜻蜓，玩指鼻子指眼睛的游戏。

玩累了，他们就站在窗前，踮起脚朝外面的院子里望。院子里有一群漂亮的来航鸡，它们的毛像雪一样白。在所有的来航鸡里，最漂亮的要数那只大公鸡，它的爪子黄黄的，冠子红红的，跑起来鸡冠一颤一颤的，简直像是一团火苗在跳跃。大公鸡很威风，打起鸣来更威风：它挺起胸脯，伸长脖子，发出"喔——喔——"的声音。它一叫，天就亮了，大家就得起床了。海迪觉得大公鸡简直像军队的司号员一样威风。

有一天，海迪又站在窗前看着院子里的大公鸡，突然有了一个主意：

"咱们让大公鸡到咱们屋里来玩一会儿吧！"

听到海迪的提议，男孩子们的眼睛一下子全都亮了。

于是，由海迪带头，一群小孩子打开门冲到院子里，追赶起大公鸡来。满院子的来航鸡全都吓得又飞又叫，那只大公鸡更是不知道自己究竟犯了什么事，仓皇奔逃。大公鸡慌不择路，竟然跑到孩子们的隔离室里来了，于是，海迪又带领小伙伴们赶紧跑回隔离室，把门关上，大家使劲拍手，尽情地欢呼。大公鸡吓得上蹿下跳，把桌上的药瓶碰到了地上，把脸盆架也撞倒了，水洒了一地，屋里顿时鸡毛乱飞。

就在大家玩得高兴的时候，门猛地被推开了，管理隔离室的阿姨跑进来，大声问："这是谁干的？"

孩子们像被施了魔法一样僵住不动了，大公鸡趁机跑出了隔离室。

阿姨让孩子们站成一排，严厉地批评了他们，还让他们到医务室去喷喉咙药，又将整间隔离室重新消毒。虽然挨了批评，喉咙里喷了药不舒服，房间里的消毒水味也很难闻，但海迪还是快乐的，觉得自己从来没有这么高兴过。

女英雄玛丽黛

海迪家在济南，海迪的爷爷奶奶和姑姑住在武汉。

幼儿园放暑假了，海迪的爸爸妈妈工作很忙，没有时间管孩子，暑假里，他们就把海迪送到了武汉。

爷爷奶奶看到海迪可高兴了，可是，过不了三天，总是笑眯眯的爷爷的脾气就变坏了，动不动就对着海迪吹胡子瞪眼睛。

"你说，有你这么让人淘神的孩子吗？"这句话，爷爷一天要说上几十遍。

爷爷奶奶和姑姑住的是一座三层的小楼，但海迪可不愿意一级一级台阶地下楼梯，她愿意趴在楼梯扶手上，顺着扶手一滑到底，她觉得这样下楼梯像飞一样，又快又刺激。

一天清早，爷爷上街买菜回来，刚要上楼，正好碰上海迪猛地从三楼滑下来，被撞了个趔趄，菜篮子也撞翻了，红萝卜绿白菜撒了一地，一块鲜嫩嫩白生生的水豆腐摔了个稀烂。爷爷气得够呛，扬起巴掌就要打，吓得海迪赶紧缩起了脖子。可是，爷爷哪里舍得打海迪？啪，爷爷把那一巴掌打到自己的腿上，然后罚海迪在门后面站了半个上午。

上午刚刚被罚了站，海迪下午该安分一点儿吧？没想到，她又闯了更大的祸！

那天下午，海迪看到爷爷出门去了，立即抓了一把蚕豆，跑到了三楼的阳台上。

海迪喜欢三楼的阳台，尤其喜欢站在阳台上看周围各种形状的屋顶，尖的，圆的，像彩色的积木房子一样好看。特别是太阳落山的时候，金红色的晚霞铺满天空，一群群白色的、灰色的鸽子从天边飞回来，落到各家的屋顶上，总要咕咕咕地叫上一阵子才肯回窝。海迪特别爱听鸽子们咕咕咕的声音，她觉得那是鸽子们在说着彼此一天的见闻。假如这个时候有一阵晚风吹过来，还能隐约听到远处江汉关大楼当当当的钟声。

阳台上的景色这么美，可是爷爷总不让海迪跑上去玩，因为他怕海迪从阳台上摔下去。

三楼的阳台不仅可以看风景，还可以打仗呢。

和谁打？和对面阳台上的男孩子们打！

巷子对面也有一排小楼，小楼上也有阳台。小楼里不知道住着谁，但是阳台上经常聚着一群男孩子，他们也喜欢像海迪一样站在阳台上看鸽子，看风景。

海迪刚来不久就发现了他们。海迪是个热情开朗的小姑娘，她主动跟男孩子们打招呼："嗨！我是玲玲……"

男孩子们看上去年纪都比海迪大，他们不仅不理海迪，还说道："哼，哪儿来的小屁孩？"

海迪火了，她口袋里正好有一把蚕豆，她拈起一颗蚕豆就把它当子弹朝对面的阳台射了过去。

当时正是蚕豆收获后不久，家家都会买一些蚕豆回家，或者当菜吃，或者晒干了做豆瓣酱，又或者煮了炒了乃至油炸了，给孩子们当零食。所以，海迪的口袋里有蚕豆，对面阳台上的男孩子们的口袋里也有蚕豆。

海迪一颗蚕豆射过去，对面立马有许多颗蚕豆射过来！

海迪赶紧趴在阳台下面躲避"枪林弹雨"，抓住空当奋起还击。她虽然孤军作战，但她一点儿也不惧怕，因为妈妈给她讲过女英雄玛丽黛的故事。

玛丽黛是苏联卫国战争时期的女英雄。她小时候喜欢读书，喜欢听英雄人物的故事，希望自己长大以后能成为一个有用的人。玛丽黛长大以后，正碰上德国法西斯入侵苏联，为了保家卫国，玛丽黛加入了游击队。她聪明勇敢，多次出色完成了上级交办的任务。有一次，上级让玛丽黛和她的战友护送一批新队员转移，在转移的途中，他们不幸被德国鬼子包围了。玛丽黛让战友护送新队员转移，自己留下来牵制敌人。最后，子弹打光了，玛丽黛也光荣牺牲了。海迪记得妈妈讲完故事的时候还说过："玲玲，你要像玛丽黛一样勇敢！"

海迪只有一个人，还是女孩子，对面是一群

人，全是男孩子，明明寡不敌众，但海迪顽强抵抗，一直玩到"弹尽粮绝"，才恋恋不舍地和对面的男孩子们"结束战斗"。

有了这次经验以后，海迪只要一有机会就溜到三楼的阳台上去侦察对面的敌情，期待第二次"蚕豆大战"。

这天下午，海迪看到爷爷出门去了，立即抓了一把蚕豆，像只小豹子一样溜到三楼的阳台上。

哈，对面阳台上的男孩子们都在！

海迪立即扬起胳膊将手中的蚕豆使劲一扔，一颗颗蚕豆嗖嗖嗖地飞到了对面的战场上，把男孩子们打了一个措手不及。

男孩子们吃了败仗，哪肯甘心？他们立即想出了一个新花样，指着阳台边一座尖顶楼房的屋顶，问海迪："你敢不敢从屋顶上爬过来？"

尖顶楼房的屋脊和那边相连，但屋顶很陡，屋脊很窄。海迪之前从来没有爬过屋顶，看着那又尖又高的屋顶，她的心就像打鼓一样怦怦猛跳。

男孩子们看出了海迪的害怕，用一种瞧不起人的口气说："哈，不敢吧？就知道你不敢！胆小鬼！"

海迪看不惯他们那种瞧不起人的样子，立即说："敢！我就敢！敢敢敢敢敢敢敢！"

海迪一口气说了七个"敢"字。

海迪从阳台上小心地翻出去，爬上了屋顶。屋顶上的瓦片被她踩得哗啦响，每响一下，她的心都一颤，好像屋顶马上就要被踩出一个窟窿，自己会立即掉下去摔死。好不容易爬到中间，海迪想歇一歇，这时，屋脊上一小块坷垃稀里哗啦滚下斜屋顶上的屋瓦，掉到屋子下面的青石板小巷子里，碎成了粉末。海迪的眼睛不由自主地跟着那一小块土坷垃向下面望去，她觉得下面的小巷就像一口深井，又像一张可怕的大嘴，时刻等着吞掉她。海迪害怕极了，赶紧收回目光。这时，她觉得周围的一切都旋转起来了，天上的云在转，西边的太阳在转，对面阳台上的男孩子们好像全都脑袋朝下了……海迪感到自己的脑袋越胀越大，鼻尖上冷汗直冒。她赶紧闭上眼睛，等着自己掉下去。

"哈哈，不敢了吧？"

"噢，胆小鬼，喝凉水。"

"嘻嘻嘻……"

对面阳台上传来男孩子们的怪叫声和讽刺的嬉笑声。海迪睁开眼睛,发现自己原来还在屋顶上,并没有掉下去。她很想哭,更想退回去,可是又不愿意让男孩子们看她的笑话,于是她使劲忍着眼泪。一丝凉风钻进她的后衣领,她脚边的一棵小草在晚风中瑟瑟发抖,而她的双腿抖得比小草更厉害。

"不敢了吧?胆小鬼!……"男孩子们更加得意地叫起来。

猛然间,海迪觉得自己的脸像被火烤着了,她扯起嗓子冲着男孩子们大喊:"我敢!我就敢!"

海迪又想起了女英雄玛丽黛,她鼓足勇气,不顾一切地爬起来,很快就爬到了对面阳台上。她小小的身体像一根木桩一样杵在男孩子们的面前,仿佛在说:怎么样?我过来了!

男孩子们都惊呆了,一时说不出话来。等他们明白过来,纷纷说:

"嗨,你真行!"

"以后你跟我们一起玩吧!"

有一个小男孩还把自己心爱的折刀送给了

海迪。

海迪高兴极了，她回头看看自己刚才走过的艰险历程，很想笑……但是，她还没笑出声来，就一下子吓得瞪大了眼睛：啊，爷爷不知道什么时候站在了那边的阳台上，他的眼睛像老虎那样骇人地瞪着，山羊胡子翘得老高……

很快，爷爷就来到这边的阳台上，像押俘虏一样把海迪押回了家。爷爷大发雷霆：

"你这个小丫头，你是吃了豹子胆吧，敢爬屋顶！你今天要是从屋顶上摔下去了，我可怎么向你爸爸妈妈交代啊？你本事真大，我给你扛个云梯来，你能爬到天上去吧？唉，我可管不了你了，得给你爸妈捎个信去，不管他们多忙，都得让他们把你接回去……"

没几天，爸爸果然就从济南来到武汉，把海迪接回来了。而回来没多久，海迪就病倒了，她的双腿再也不能爬楼梯、爬屋顶了，这次爬屋顶的经历，成了海迪永远的回忆。

突然的灾难

海迪的相册里,保存着一张她幼儿园时期的照片:她穿着领口和衣袖镶着花边的漂亮连衣裙,站在正中的位置,一大群活泼可爱的孩子像众星捧月似的,围在她的周围。海迪的眉毛和嘴角微微向上挑起,美丽的脸上洋溢着自信和快乐,两条藕段似的小腿站得直直的。

这张照片是海迪当年所在的幼儿园的老师保存下来的,也是唯一能证明她曾经拥有健康有力的双腿的证据。

海迪在幼儿园是最受大家欢迎和最受老师关注的孩子。她聪明,活泼,特别争强好胜,不管是学数数,学认字,还是唱歌、跳舞、画画、赛跑、讲故事，她都是第一名。她尤其喜欢唱歌跳舞，她站在舞台上一点儿也不紧张，还特别有表现力，因此，只要有文艺表演，海迪一定是主角。

五岁半的时候，有一天，海迪去参加幼儿园组织的文艺表演。在排演室里，随着悠扬的琴声，海迪踮起脚，挥舞双臂，像一只小鸽子一样又唱又跳：

小白鸽，展翅飞，
蓝天上，去飞翔，
向北飞，到北京，
……

海迪唱着，舞着，突然一阵天旋地转，眼前一片黑暗——海迪跌倒了！

海迪挣扎着要爬起来，可是，她用尽了全身的力量也抬不起自己的腿，她的腿仿佛已经不是她自己的了，她只能像一只折断了翅膀的小鸽子一样在地上可怜地挣扎。海迪吓坏了，大声向老师求助：

"老师，我的腿，我的腿呢？"

老师们立即把海迪送进了医院，海迪的爸爸妈妈也闻讯赶来了。医生们经过反复诊断以后，不得不痛心地宣布：海迪患的是脊髓血管瘤，这个病在全世界都是疑难病症，还没有治愈的方法，海迪可能再也站不起来了，她可能要瘫痪了！

医生的宣告对于海迪的爸爸妈妈来说，仿佛晴天霹雳，他们感到天都要塌了。

海迪的爸爸妈妈不忍心看着海迪就这样倒下去，他们期待医学上的奇迹。他们发了狠心要在这个世界上为海迪遍求名医，哪怕砸锅卖铁，倾家荡产也在所不惜！

幼小的海迪，从此开始了动荡不安的求医之路。

海迪出门看病坐得最多的交通工具是火车。那是在二十世纪六十年代初，还没有方便的旅行箱，也没有好看的旅行袋，妈妈会把要换洗的衣服和其他必要的行李都打在一个包袱里。每次出门，妈妈总是背上背着海迪，胳膊上挽着一个大包袱。

她们从来没有在火车上买过饭菜。海迪妈妈总是吃从家里带的馒头和咸菜,用一个搪瓷缸喝列车员送来的开水。

海迪也吃馒头,但妈妈不让她吃咸菜,而是吃从家里做好后、装在玻璃瓶子里的清蒸带鱼和肉末雪里蕻。妈妈做的清蒸带鱼好看又好吃,银色的鱼块上撒着嫩黄的姜片和绿莹莹的葱丝,看着就让人流口水。妈妈给海迪吃鱼的时候,总是小心地把一排排鱼刺完整地剔出来,然后把一段段雪白的鱼肉递给海迪。海迪让妈妈吃鱼,妈妈总是说:"玲玲,妈妈不喜欢吃鱼。玲玲要多吃鱼,多吃鱼,病才会好得快。"为了病能快点好,海迪就把鱼肉大口大口地吞下去。

火车常常一坐就是十多个小时。海迪趴在窗口,看着外面的景色,像大人一样心事重重——她盼着自己的病能快点好起来,如果她的病好了,妈妈就不用再这么辛苦地背着她四处奔波了。

在治病的过程中,海迪表现出了远远超越她年龄的坚强、忍耐和配合。

为了做检查,医生要把很长的针扎进海迪脖子后面和腰部的骨头缝里,抽取一管管透明的"水",

这叫脊椎穿刺手术。当长长的针刺进脊髓的时候，那种疼痛就连意志坚强的成年男子都难以忍受，幼小的海迪却说："叔叔，阿姨，扎针我不怕，挨刀我也不怕，只要能把我的病治好，再痛我也能忍受，等治好了病，我还要当演员，当运动员……"

针头在海迪的身体里每前进一小段，海迪的身体都会像触电一样抽搐一下。谁都知道，她幼小的身体正在承受巨大的痛苦，但她没有叫喊，也没有大哭。她其实很想哭，也很想叫喊，但她知道妈妈就躲在手术室的门后面，要是妈妈听见她哭叫，妈妈一定会哭的，她不想看到妈妈哭。这样想着，泪水就变成了汗珠从她的鼻尖上、额头上冒出来，不一会儿，她的头发就湿漉漉的，好像刚从水里捞出来一样。

她看到病房里其他孩子打针吃药的时候都会不顾一切地大喊大叫，有的急了还会咬医生，咬自己的爸爸妈妈，她羡慕地想：也许这样叫喊，痛苦就会减轻一些吧？下一次医生再做检查的时候，我也要这样大哭大叫……可是，下一次做检查的时候，海迪依然会咬紧牙关强忍着，不肯哭，也不肯叫。

突然的灾难

因此，每一次海迪做完很疼的检查，她就一丝力气也没有了，只想闭上眼睛睡觉。而她醒来的时候，总是会发现枕头上有一块块湿湿的印迹，因为她虽然在医生检查的时候没有哭，但在梦里她哭了。

各地的名医都尽自己最大的努力，用自己高超的医术来治疗这个聪慧可爱的小姑娘，虽然每一位医生都尽心尽力了，但海迪的病并没有好转。

海迪有一本很厚很大的画册——《世界上的动物》，是有一次住院的时候，爸爸买了送给她的。爸爸说："玲玲，翻开这本书就会走进一个动物园，能认识世界上各种各样的动物，玲玲躺在病床上就不会寂寞了。"

画册里的动物千奇百怪，有好些是海迪在动物园里没有见过的，比如善于奔跑的袋鼠、凶猛的美洲豹、整天无精打采的小懒猴……海迪看得津津有味。

也是在这本书里，海迪认识了斑马。

画册里有一张照片：在非洲肯尼亚的辽阔草原上，生活着成群的斑马，它们全身长着美丽的花纹……

第一次见到这张照片,海迪便很想到非洲去看看,去看看那里的斑马。

但她做梦也没有想到,有一天自己会变成斑马。

为了弄清楚她生病的原因,医生在海迪的身上进行了"斑马实验",海迪年幼的身体被涂上了一道一道的碘酒,就像斑马条纹一样。实验过程并不疼,但是海迪已经是个大孩子了,在陌生的医生和护士面前赤身裸体让她感到很难堪,可是为了治好病,海迪咬牙忍耐了下来。冰凉的刷子在她身上一道道刷过,海迪知道,现在自己已经完全变成了一匹斑马。

紧接着,海迪的眼前一阵白光闪烁,是一位拿着照相机的医生正站在床头柜上,俯身为她拍照。

当这一切终于结束后,医生们拿起病历夹,拎起白色的木箱出去了,走廊里响起一阵轻轻的脚步声。

护士阿姨让海迪起来穿衣服,海迪看见自己全身都是蓝色的斑马纹。她不愿意再看见这些斑马纹，便请求护士阿姨带她去洗澡，她要把全身的斑马纹洗掉。

可是护士阿姨告诉她，碘酒是洗不掉了，只能等过些天它们慢慢挥发掉。

海迪不再说话，穿好衣服重新躺在病床上。

泪水顺着她的发丝流下来。她忽然很想大声哭喊，她不想再做一个听话的孩子，她不想再忍受这一切；她不愿当一个想哭不能哭、想叫不能叫的孩子，她要当一个想哭就使劲哭、想叫就使劲叫的孩子；她不愿意变成斑马，她要像别的女孩子一样穿上漂亮的花裙子……

"啊——"

"啊——"

"啊——"

海迪听见了一个女孩子凄厉的尖叫声，那叫声是从她自己的喉咙和胸腔中发出来的，一声比一声长，一声比一声高。

整个病房都激荡着这刺耳的尖叫声。

整个楼道都激荡着这刺耳的尖叫声。

门被猛地推开了。一群护士飞跑到海迪的病床前，她们按住海迪猛撞床栏的脑袋，要她别哭，别吵，别闹，她们说："你是好孩子，你要听话，你要安静。"

海迪跟她们对着干，她发疯似的叫着：

"我不听话——"

"我不安静——"

医生来了，他握住海迪冰冷的手，让海迪靠在他的胸前。医生说："孩子，一切都会好的，你最好睡一觉，睡一觉就好了。"

海迪重又躺下。

她累极了。

医生和护士走了，病房的门轻轻地关上了。

海迪睡着了。在梦中，她来到了非洲的草原上，看见一群斑马正在追逐嬉戏，看见一匹蓝色的小斑马向那一群斑马跑去，它的眼角还挂着闪亮的泪珠……

上学梦

济南住院，青岛求医，武汉诊断，北京开刀……

坐上火车一次次奔向陌生而神秘的远方，吞下一颗颗苦涩的药丸。一次次满怀希望，又一次次失望。

海迪的脊背上堆叠着长长的刀口，可她的腿依然不能动。她的胳膊不敢动，脖子更不敢动。假如她不小心活动一下，就会引起脊背伤口的剧痛。她只能就这样终日孤独地躺着，她不知道自己还要躺多久，不知道快乐还会不会回到自己身边。她的眼睛只能一次次转向窗外。窗外有小树，小树上有鸟儿在叽叽喳喳地唱着歌。

海迪很羡慕那些小鸟。有一天,海迪对妈妈说:"妈,我要是能像小鸟一样唱歌就好了!"

妈妈说:"我来教你吹口哨,你学会吹口哨,就能像小鸟一样唱歌了。"

妈妈把嘴唇嘟起来,轻轻地,轻轻地吹着,就像一丝丝风儿吹过树梢的样子。

海迪学着妈妈的样子嘟起嘴,轻轻地,轻轻地吹着,她感到一丝细细的风从嘴唇中溢出来,一个好听的声音飘散开来,很柔和,很悠长,神奇而缥缈。海迪反复地吹着,开始是单音,后来学会了从低音吹到高音。再后来,她学会了像鸟儿一样啾啾地歌唱,还学会了吹自己的歌!

每当鸟儿在窗外的小树上歌唱的时候,海迪就用口哨声和鸟儿们对唱。有时候,她还吹自己的歌儿给鸟儿们听。和鸟儿们对唱的时候,她感到快乐极了。

通过吹口哨,海迪明白了一件事情:原来快乐是可以自己创造的!

窗外的小树叶子绿了又黄,海迪又长大了

一岁。

虽然四处求医问药，住院治疗，但海迪的病并未见好转。爸爸妈妈只得把海迪接回家里来照顾。

爸爸妈妈要上班，妹妹小雪也上学了，海迪只能整天独自躺在床上，望着天花板发呆。

海迪幼儿园时代的伙伴早就入学读书了，海迪也想上学。从海迪七岁起，爸爸就到一所所学校去咨询，看看学校能不能接收像海迪这样的学生。可是，每个学校都因为海迪那瘫痪的双腿和以前从未接收过残疾儿童等原因拒绝接收海迪。

学校虽然没有接收海迪，但是老师们其实都很喜欢海迪这个聪慧而不幸的小姑娘。老师告诉海迪的爸爸妈妈，只要海迪学会了拼音，就可以像普通儿童那样识字和读书了，因为学会了拼音，就会查字典；学会了查字典，海迪就可以自学了。

海迪上幼儿园的时候已经开始学认字了。平时爸爸妈妈给她讲书上的故事，给她买画册看，她连蒙带猜也认识了不少字。海迪的记忆力又特别强，她五六岁的时候，就已经认识了七八百个汉字。

爸爸妈妈知道海迪渴望学习，而家里的条件和当时的生活情况都不允许他们请专门的家庭教师来教海迪,爸爸妈妈就决定每天下班后亲自教她拼音,给她讲解小学的功课。

爸爸妈妈从简单的拼音开始教起:a,o,e……

"a,o,e……"海迪一个一个地跟着学,跟着念。

每学完一课,爸爸妈妈也给海迪布置作业,让她将所学的知识消化巩固。

海迪的身体不允许她坐着学习,平时只能半躺着,学习的时候,她得用自己的胳膊做支撑,趴在床上看书。这样看书非常吃力,也非常消耗体力。

坐着学习对于常人来说是一件简单的事情,对于海迪来说却十分艰难。她的腰和腿都十分僵硬,脚背绷得直直的,下半身就像一根直直的木棒。

医生说:"如果能让支配肌肉的神经松弛下来,让自己的下肢能够稍微屈伸的话,这样就能坐起来看书了。"听了医生的话,为了能够让自己坐起来看书,海迪每天敲打、轻捶自己的腿部肌肉,让它们能放松。她还得每天无数次地用力搬动自己的

上学梦

腿。因为手术后引起的肋间神经疼痛始终折磨着海迪，每次搬腿的时候，只要胳膊一用力，她的肋间神经就会像针扎一样疼。虽然疼痛，但海迪没有放弃。如果实在疼痛得不能忍受了，她就吃双倍的止痛药来止痛。但无论多么疼痛，海迪还是每天咬紧牙关，坚持按摩、捶打和搬动自己的腿。

就在这样的坚持下，海迪的腿终于"软化"了，她可以坐起来学习了。海迪高兴极了，学习的热情也更高了。

海迪在学习上极有天赋，她不仅记忆力强，而且特别善于总结学习规律，摸索学习方法。比如认字的时候，她发明了"猜谜认字法"，偏旁部首相同的字，往往可以读相似的音，比如"洪、哄""钢、纲、刚""猪、诸""妈、吗"等，所以，如果海迪先认识了"钢"字，再看到"纲"的时候，就猜它也读"gāng"。猜完了，再查字典来验证。如果猜对了，海迪就特别高兴；如果没有猜对，她就把这个字的拼音标注下来，再把意思弄清楚，这样一来，这个字她就会记得特别牢。

海迪还特别注意在生活中、实践中学习。白天一个人关在屋子里学习的生字和拼音，等晚上爸爸妈妈下班回来，她就把它们运用到对话中反复练习。比如她学习了"水"字，她想喝水了，就说："爸爸，麻烦您给我倒杯 shuǐ（水）……"她学习了"歌"字，她想听妈妈唱歌，就说："妈妈，我想听您唱 gē（歌），妈妈唱 gē（歌）真好听……"

海迪身患重病，爸爸妈妈虽然特别疼爱她，但从来不溺爱她。在学习习惯和生活习惯方面，爸爸妈妈都非常严格地要求她。

海迪过八岁生日的时候，妈妈在亨得利钟表店买了一个金色的小闹钟给她当礼物，小闹钟上了发条就会发出清脆的嘀嗒嘀嗒的声音。妈妈说："有了这个小闹钟，爸爸妈妈上班去，你一个人在家里就不会寂寞了。妈妈还希望你能学会用小闹钟规划自己的时间，比如几点钟读书，几点钟写字。"

虽然海迪对学习充满了热情，也非常自觉，但她毕竟是一个孩子，而且是身患重病的孩子。而日复一日的学习，反反复复的练习，总是单调的。几乎每一个孩子都可以找到一千个理由来逃避学习和做作业，也都逃避过学习和做作业，海迪也不例外。

有一天，海迪在学习的时候，肋间神经痛得比平时更厉害，让她无法集中精力，她吃了双倍的止痛药也不管用，豆大的汗珠挂在她的脸上。她实在忍受不了疼痛，觉得自己今天无力完成作业了，就对妈妈说："妈妈，这些作业我明天再做，行吗？"

妈妈看到海迪痛苦的样子，虽然心疼，但还是说："玲玲，你想想，如果你是学校里的学生，你今天不完成作业，明天上学的时候老师让你交作业，你怎么办呢？今天的学习任务完成了，明天才能学习新知识。你一定要养成良好的学习习惯，今日事今日毕。"

海迪点点头，又强忍着疼痛，趴在床上埋头写起作业来。

从此以后，海迪一直铭记着妈妈的教导，每天必定完成规定的学习任务。有时候一天学习下来，海迪会累得没有力气说话。有时候妈妈看她实在太累，也会劝她先休息，把作业留到明天再完成，但海迪每次都会说："今日事今日毕。今天的事情今天一定要做完。"

因为秉持着这样的学习信念，海迪在一年之内就学完了小学语文第一册至八册的全部生字，她掌握的生字量已经足够让她独立阅读了。

能够独立阅读以后，海迪的"胃口"变大了，她不再只满足于爸爸妈妈给她订阅的《小朋友》《儿童文学》《少年文艺》这样的儿童刊物，爸爸书架上、桌子上那些大厚本的书，她也开始"啃"起来了。虽然"啃"起来还有些吃力，但每一本书都给她打开了一扇神奇的门，给她呈现了一个神奇的世界。她想知道每一本书里的故事，她想知道世界上那些她不知道的事情。

有一天，海迪看到爸爸屋里的墙角堆放着一大摞灰蒙蒙的书，十几本摞在一起，足有一尺多高，那并不是出版社出版的书，而是一些油印的大本子。海迪很好奇，非让爸爸拿一本给她看。

书又厚又大，纸张很粗糙，纸页上还能看见细碎的草屑。

书名很长，也很奇怪：《斯坦尼斯拉夫斯基表演体系》。

海迪问爸爸："什么是斯坦尼斯拉夫斯基？"

海迪的爸爸是从事戏剧工作的，爸爸告诉她："斯坦尼斯拉夫斯基是个苏联人，他是演员，也是导演和表演艺术理论家。这些大本子，都是苏联专家在中国讲斯坦尼斯拉夫斯基表演理论时的记录。"

海迪又问爸爸："什么是表演理论呢？"

爸爸说："表演理论就是演员怎样在舞台上演戏的道理。"

海迪立即对这些书产生了兴趣。她在幼儿园的时候就喜欢唱歌跳舞，她一直梦想当演员。

爸爸妈妈上班去了，妹妹上学去了，门又被锁上了，热闹的家一下子空寂下来。

海迪靠在被子上，打开那个沉重的油印本子，一页页地翻着，一页页地读着。书上说，你是一个演员，你来到舞台中央，舞台的下面坐满了观众，你必须忘掉观众，你要想象你现在不是在舞台上，而是站在窗前，此刻外面下着狂风暴雨，你的心被痛苦折磨，你的双手发抖，泪水从你的脸上流下来，一开始，你只是轻轻地抽泣，终于，你放声大哭……

海迪抬起头望向窗外，窗外没有倾盆大雨，窗外是一个大好的晴天。她想象自己很难过很伤心的样子，想象泪水从自己的脸上流下来，可是，脸上一滴泪也没有。虽然她的双腿麻木，一点儿知觉也没有，虽然她的臀部因为长满褥疮涂着呋喃西林软膏，贴着厚厚的纱布，虽然她每天得喝很苦很苦的汤药，每天得打维生素B_1和B_{12}，可是她从来不为这些事情哭，因为她知道，如果自己哭，爸爸妈妈就会更加难过。每当她鼻子发酸，眼泪就要流出来的时候，她就会快速地眨眨眼，把眼泪赶回去。海迪觉得自己其实已经很会演戏了，她觉得演员在很多人面前痛哭，其实比她在别人面前拼命忍住眼泪要容易得多。

海迪眨眨眼，重新望向窗外，想象外面的天空灰暗，雷雨交加，地上砸出无数水泡，雨水汇成小河……渐渐地，雨声小了，太阳出来了，被水洗过的原野一望无际……海迪穿着红色的小雨靴，牵着妹妹的手在原野上奔跑，鸟儿在她们的头顶唱歌，身边是一朵朵盛开的向日葵，蜜蜂嗡嗡地歌唱着，美丽的蝴蝶和蜻蜓飞来了……她和妹妹尽情地奔跑着，洒下一路欢快的笑声……

忽然，海迪感到有两行眼泪滚过面颊，滴落在自己的手上和灰蒙蒙的书页上。她多么盼望自己能像刚才所想象的那样在绿色的原野上奔跑啊！可是，她知道自己做不到，也许永远也做不到了。想到这里，海迪的泪水奔流而出，怎么也止不住。家里没有别人，海迪不用担心自己的哭会让爸爸妈妈难过，于是，她尽情地哭了起来，而那一刻，窗外依然是一片晴朗，阳光灿烂……

芭蕾仙子

海迪虽然在家里由爸爸妈妈辅导，已经开始了学习，但是，爸爸妈妈也知道，海迪特别渴望能像其他小朋友一样到学校学习，渴望能像别的小朋友一样坐在教室里，感受上学的乐趣。所以，尽管海迪从七岁起，爸爸就一年又一年地去学校报名，去学校咨询，也一次又一次地遭到了校方拒绝，但是，爸爸并没有放弃。

海迪十岁那年，济南市经五路小学终于接受了海迪的报名，破例接收海迪到学校来上学。

听到这个消息，海迪特别高兴。等到开学前学校正式发榜的那天，海迪一早就让爸爸背着她去学校门口看榜单。海迪趴在爸爸的背上，眼睛急切地在密密麻麻的榜单中寻找"张海迪"这个名字，当她终于看到了自己的名字的时候，她拍着手，兴奋得高声叫起来：

"我可以上学了！我终于可以上学了！"

周围的人听到她的叫喊，都用奇怪的眼神看着她。

看完榜单以后，她还让爸爸背着她在校园里转了一大圈，去看教室、操场、图书馆。等参观完学校回来，妈妈给海迪买了一双非常漂亮的新鞋子，一个漂亮的新书包，把学校发的课本都整整齐齐地放在书包里。

海迪满怀期待，等待着开学日的到来。

然而残酷的命运再一次击碎了海迪的梦想。就在开学的那天，病魔再一次来袭，当其他小朋友背着书包快快乐乐地走进校园的时候，海迪却由爸爸背着奔向了医院，再一次接受手术。

爸爸说，等海迪十岁生日的时候，要送给她一件最特别、最美好的礼物。

海迪有很多玩具，包括很大很大的洋娃娃，可是海迪对玩具一点儿也不稀罕，这些不能算是最美好、最特别的礼物。

海迪喜欢读书，她的床头，她的身边，随手就能拿到书，爸爸的书房还有好多书，书是最美好的礼物，但也不能算是最特别的礼物。

一开始，海迪以为这件"礼物"是指送她去上学。确实，上学对海迪来说是最特别、最美好的，但是，就在开学的那天，海迪再一次病倒，被爸爸背进医院，接受手术，她已经错过了"上学"这件最特别、最美好的礼物。

可是，爸爸还是说，等海迪过十岁生日的那天，要送给海迪一件最特别、最美好的礼物。

爸爸的话勾起了海迪的好奇心，她问爸爸究竟准备了件什么礼物，爸爸却说什么也不肯告诉她。

从医院出来，正好是海迪的十岁生日。

海迪对爸爸要送给她的神秘礼物充满期待。

那天，爸爸下班回到家，海迪就迫不及待地大叫起来："爸爸，你快给我礼物呀！"

爸爸来到海迪的床前，妈妈也跟了过来，他们的脸上漾着同样的微笑。

可是，他们都两手空空。

海迪有些失望，她嚷起来："爸爸，你说过要送我礼物的，我的礼物呢？"

爸爸从胸前的衣兜里掏出一张粉红色的小纸片，递到海迪的手上。

"这就是礼物吗？"海迪问。

爸爸点点头。

海迪举起纸片一看，原来是一张票！海迪极为惊喜："爸爸，你要带我去看电影吗？"

海迪整天被病魔禁锢在床上，出门的机会很少，每一次有出门的机会，她都很兴奋，何况还是去看电影。

爸爸说："不是带你去看电影，是带你去看芭蕾舞！"

啊，芭蕾舞！

海迪在画报上看过芭蕾舞的照片，常常一盯就是老半天。她羡慕芭蕾舞演员那修长有力的腿，喜欢看她们穿着白纱裙的舞姿。她还一次也没有看过芭蕾舞，她甚至做梦也没有想到自己可以去看芭蕾舞。这真是又特别又美好的礼物！

爸爸说，这是古巴国家芭蕾舞团来华访问的演出，是千载难逢的机会。不过只有两张票，只能由爸爸陪海迪去看，妈妈和妹妹得留在家里。

匆匆吃过晚饭，爸爸就背着海迪出门了。剧场离家有点远，一路上海迪老是担心会不会迟到，会不会不等他们到达剧场，芭蕾舞就开演了。

当他们赶到剧场的时候，开幕铃已经响过了，灯光忽然暗下来。爸爸刚安置海迪坐好，舞台上绛红的帷幕就徐徐拉开了。舞台上，暗蓝的天幕下，是一个波光粼粼的湖，湖畔的森林在月光下显得幽美宁静……随着大提琴如泣如诉的旋律，一只受伤的白天鹅飞落湖畔，它一次又一次向天空伸展翅膀，一次又一次地倒下，它就要死了，在向天空做最后的告别……

海迪的眼睛紧紧地盯着舞台，她的心随着音乐的旋律和舞者的动作，感受着天鹅的美丽和忧伤，挣扎和死亡。当演出结束，台下爆发出热烈的掌声的时候，海迪没有鼓掌，只是用手悄悄擦去脸上的泪水。

海迪还注意到了芭蕾仙子们的脚，她被她们那灵活的、富于表现力的脚所吸引。她们穿着白色的舞鞋，足尖挺立，脚上紧绷的肌肉显示出坚韧和力量。她想起自己在医院里，医生每次检查她那紧紧绷着的双脚的时候，看到她的足趾既不能屈伸，也不能内外翻，都会说她的脚"足下垂"。因为"足下垂"，她不能像其他孩子一样走路，更不能奔跑，她觉得特别难过。那时候她还没有看过芭蕾舞，不知道自己原来长着一双和芭蕾仙子一样的脚！于是，海迪快乐起来，心都仿佛要跳出喉咙了！还有什么比这更激动人心的呢？海迪发现了一个"秘密"，原来，自己长了一双芭蕾仙子的脚！

看完演出，爸爸把海迪背回家。一进家门，海迪就迫不及待地把自己的发现告诉妈妈。"妈妈，我的脚长得和芭蕾仙子一个样呢！等我的病好了，我也要穿上漂亮的舞鞋，去跳芭蕾舞……"

妈妈把海迪的头搂在怀里，说："那你从明天起要更加刻苦地锻炼身体，活动腿脚，等你病好了，我们就送你去苏联，去找芭蕾舞大师乌兰诺娃……"

那天夜里，海迪久久没有入睡，她总是回想着舞台上的芭蕾仙子，回想她们足尖绷直，轻盈起舞的样子。想着想着，海迪仿佛看见自己也穿上了舞鞋，用绷直的足尖在舞台上不停旋转，台下响起雷鸣般的掌声。

后来有一天，妈妈送给海迪一本杂志，那上面有一幅苏联芭蕾舞大师乌兰诺娃的照片。海迪对那本杂志爱不释手。照片上，乌兰诺娃用蓝色的眼睛看着海迪，仿佛在说：玲玲，你快点来吧，我等着你。

每天早晨醒来，海迪就对着镜子梳理自己的头发，像乌兰诺娃那样将辫子编好，盘在头上，然后开始拼命活动自己的腿和脚。她想，自己不久之后一定能重新站起来，一定能去跳芭蕾舞。

然而，从五岁半患病开始，一直到十五岁，海迪一共做了三次大手术，吃了无数的药，她的下肢依然瘫痪，她依然没有能够站起来。

海迪小的时候，爷爷经常给她讲盘古开天、嫦娥奔月、大禹治水等神话故事。爷爷说，很久很久以前，没有天，没有地，也没有人，只有一片混沌。有一个力大无穷的巨人叫盘古，他用一把锋利的青铜斧头一斧一斧地劈开混沌。他的斧头每劈一下，都会电闪雷鸣，乱石翻滚。无数的大石头翻滚下来，砸在盘古的身上，把他砸得头破血流，但盘古从不放弃，还是一斧一斧地劈呀劈。也不知道劈了多少年，盘古劈下来的石头铺成了大地，劈出来的空间云气上升，变成了天空。从此，天和地就诞生了，太阳、月亮和星星也出现了，而盘古自己也化成了高山大川，和天地合成一体了。

海迪问："那我以后还能见到盘古吗？"

爷爷说："大地上一座座耸立的高山，就是盘古变成的。你见到高山，就见到了盘古。"

在海迪幼小的心里，从此刻下了盘古开天辟地的故事，大地上那一座座高耸入云的青山，就成了海迪心目中的英雄。

海迪患病以后，爷爷还给海迪讲过一个神话故事。

爷爷说，很久很久以前，在遥远的地方，住着一个善良的女神，名叫女娲。有一天，女娲在自己的家门前用黄土捏人。那时候大地上还没有人，女娲就想多造几个人，让每一个人都有兄弟姐妹。女娲正在造人的时候，突然刮起一阵大风，接着就是倾盆大雨。女娲赶紧把那些小泥人拢在一起，用自己的身体为他们遮风挡雨，可是，有一个小泥人还是被雨水冲走了。雨过天晴以后，女娲发现少了一个泥人，就漫山遍野去寻找。最后，小泥人找到了，但他的腿被雨水冲坏了，从此，世界上就有了不能走路的孩子……

海迪听完这个故事，眼泪早已浸湿了脸庞。她知道了，原来自己是一个传说。

小老师

一九七〇年，十五岁的海迪跟随爸爸妈妈离开济南，来到地处鲁西平原的莘县十八里堡尚楼村落户。

当时的尚楼村是一个标准的穷村，老百姓吃的是地瓜面菜糊糊，盖的是又黑又沉的烂被子，有的一家七八口人，连吃饭用的粗瓷碗都不够。

这个村不仅物质生活极其贫苦，文化生活也相当贫乏。由于缺钱买煤油，好多人家天一黑就睡觉，村里到处静悄悄的。

海迪的爸爸妈妈想要改变这种局面，想为老百姓做些事情。爸爸妈妈的情绪传染给了海迪，她也希望自己能为村里的百姓们做点事情。可是，她是一个瘫痪的孩子，整天不是躺在床上，就是被困在木轮椅上，既不能帮农民们播种，也不能耕田，她能做什么呢？

有一天晚上，天刚黑下来，村子里又到处黑灯瞎火的，海迪突然说："爸爸妈妈，你们快点上罩子灯，放在屋外的场地上，我要唱歌！"

爸爸妈妈照海迪说的，点起了家里的罩子灯，放在屋外的场地上。

海迪拉起手风琴，唱起了《社员都是向阳花》《歌唱二小放牛郎》等歌曲。一会儿，爸爸也拉起二胡，妈妈也跟着唱了起来。

优美动听的歌声和琴声，吸引了村里的人们。男女老少循着这声音，来到了海迪家门前的场地上，将海迪一家围在中央。

"好听，再来一首！"

"好听，再来一首！"

歌儿唱了一首又一首，歌声沟通了村民与海迪一家的感情，歌声给小村带来了快乐。慢慢地，人们不再把海迪一家当外人看，他们心里有什么话都愿意来海迪家的小院里讲。生产队的干部们跟海迪爸爸一起制订生产计划；年轻媳妇们纳着鞋底，跟海迪的妈妈讲村里的新闻和旧事；小朋友们围着海迪，让她唱歌，讲故事，还经常推着木轮椅，把海迪推到田野里和小河边去玩，去看风景。

海迪很快和村里的小孩子们成了朋友。海迪带来的手电、蜡笔、跳棋，包括海迪的药瓶，他们都觉得新鲜。海迪的手风琴成了孩子们最稀罕的东西，他们挨个儿触摸琴键，按出不同的声音。在孩子们快乐的笑声中，白色的琴键被摸黑了，但海迪不在乎。海迪还教他们玩指鼻子指眼睛的游戏。

有一天，原本是上学时间，可是海迪看到孩子们没有去上学，全都来到海迪家里，围在她身边。

海迪问："你们为啥不去上学呀？快去上学吧，等放了学再来玩。"

孩子们说："秋玲老师回济南去了。"

村里原来有位女老师叫秋玲，她爱人在济南当兵，有时她搭汽车回济南去探亲。秋玲老师去探亲的时候，学校就没有了老师。

没过多久，秋玲老师来找海迪："玲玲，我又请了假要去济南探亲，你到学校里帮我教课吧。"

海迪只有十五岁，从来没有当过老师，甚至没有到学校上过学。听到秋玲让她去学校教课，海迪有点紧张地说："我不敢呢。"秋玲老师说："没事，你甭胆小，孩子们保管听你的。你没看到他们都喜欢你吗？"

就这样，海迪坐到了讲台上。

海迪生病以后，生活起居都需要父母和妹妹照顾，妹妹小学毕业上中学的时候，为了能在下课的间隙可以回家看一看姐姐，她跑了许多地方，请求了很多人，才被分到家门口的第三中学。

海迪因为下身完全没有知觉，大小便都不能自理，她总是尽量控制自己少喝水，自己摸索自己的生理规律，尽最大的努力让自己保持清洁，减少家人的麻烦。

随着年龄的增长，海迪不再满足于只是减少家人的麻烦，而是开始思考：自己要如何才能成为一个对别人、对社会有意义和价值的人？

坐在讲台上，成为小老师，海迪的心里涌起了自豪感：自己终于成了对别人有价值的人！她暗暗下定决心,一定要尽自己所能,教好这些孩子。

村里的学校很简陋:三间破土房,四面黑土墙,土台子,土凳子,里面坐着土孩子。

海迪不知道该教他们什么,就拉起手风琴,教他们唱《大刀进行曲》。

孩子们怎么唱也唱不整齐,怎么教都跑调,只有最后那一句"杀!"倒是很整齐,气势很足,海迪又好气又好笑。

当小老师的日子里,海迪指挥孩子们用染布的颜料把黑板染得黑上加黑。她找来报纸,让孩子们包一样的书皮。海迪还给他们缝书包,补书包,订本子,给男孩子们修剪像乱草一样的头发。

夜晚,她在小油灯下批改那些字迹歪斜的作业。

海迪费了很大的劲才让那些调皮的孩子懂得什么叫守纪律。

海迪教孩子们学习语文、算术,也让孩子们喜欢上了音乐。

她还把音乐课带到了村东头金线河的石桥上。

夏日的金线河美极了，河面上波光粼粼，河水清澈见底。河岸边高高的堤坝上种满了蓖麻，阔大的蓖麻叶挨挨挤挤，连接成绿色的屏障。夕阳西下的时候，河面上泛着金色的波光，仿佛摇着一河细碎的金子。海迪让孩子们排成一溜儿坐在桥栏上，荡悠着双腿，和她一起眺望远处的夕阳，眺望村里家家屋顶上的炊烟。就在这天地之间的美丽景色里，海迪教孩子们唱歌：

金瓶似的小山，

山上虽然没有寺，

美丽的风景已够我留恋；

明镜似的西海，

海中虽然没有龙，

碧绿的海水已够我喜欢。

北京城里的毛主席，

虽然没有见过您，

您给我的幸福却永在我身边……

唱完了《金瓶似的小山》，又唱《山丹丹开花

红艳艳》:

一道道的那个山来哟,一道道水;
咱们中央红军到陕北,咱们中央红军到陕北;
一杆杆的那个红旗哟,一杆杆枪,咱们的队伍势力壮……

海迪越唱越兴奋,她无所顾忌地放开嗓子歌唱,再高的音调她也敢唱,也能唱上去。她感觉自己简直就是高音歌唱家,正站在陕北的高原上放声歌唱。

有一天,孩子们簇拥着一个腰背畸形的孩子来到海迪的桌子前。

这个孩子因为脊背上鼓着一个大包,大家叫他"二罗锅"。他背着一个补了补丁的大袋子,脸上带着淳朴憨厚的微笑。二罗锅家是村里最穷的,一到春天就断了顿儿,二罗锅就不能上学了,得去要饭。这一次是他刚要饭回来。他打开那个口袋,里面是一块块窝头和饼子。他说把这些干粮放到房顶上晒晒吃，就能糊弄过春天去。他说他有两个愿望，一个是能上学，再一个是能把自己的罗锅治好。

海迪让二罗锅来上学，她给他订本子，教他写字。二罗锅对海迪很感激，有一天，他挖了一些鲜绿的野菜送到海迪的小窗前，对海迪说：

"玲玲姐，这菜叫老鸹筋，蒸窝窝可好吃了，人家说老鸹蒸窝窝，一咬一哆嗦……"

因为学校的房子太破旧了，雨季来临的时候，雨水总是从窗口和屋顶的破洞里漏进来，打湿孩子们的头发、衣裳和课桌上的本子。孩子们满怀期待地说："玲玲姐，咱们村里要是能有一个红砖砌到顶、不会漏水的大学校就好了。"

海迪也想，尚楼村什么时候能有一座窗明几净、桌椅整齐的大学校呢？孩子们什么时候才能接受良好正规的教育呢？

直到二十多年后，海迪从事文学创作，她将自己写作的稿费捐给了希望工程，终于帮助尚楼村建了一所小学。虽然这时候海迪已经离开了尚楼村，

但她的心依然记挂着尚楼村的孩子们。她曾写过一首诗表明自己的心迹:

二十四年前,
我是一棵小树;
二十四年后,
我长成了大树;
此时,
生命告诉我,
树高千尺忘不了根。

一支口琴

海迪爱尚楼村的孩子们,尚楼村的孩子们也爱海迪。

孩子们看到海迪总是坐在木轮椅上不能站起来,都替她着急。

福明问:"玲玲姐,你那腿不是跟咱们的一样吗?为啥就不能站起来呢?"

小五说:"玲玲姐,你使使劲,看能不能站起来。"

有一天,孩子们还请来了村里的万事通大章兴。据说大章兴上过几天中学,能看懂大本的书。他家里有《鸡病的预防》《棉铃虫的防治》《怎样养猪》,还有一本祖传的《本草纲目》。在尚楼村,大章兴是能人，人的病、牲畜的病都能治。

孩子们请来了大章兴，要他给海迪诊病。

村里的人听说大章兴要给海迪诊病，全都跑来看热闹。大章兴一脸沉静，全然不理会旁边人们的七嘴八舌。他要海迪伸出右手，说："我先得给你搭搭脉。"

他将三根指头按在海迪的右手腕上，轮流抬起又按下。

过了一会儿，大章兴说："左手。"

于是海迪换了一只手。

孩子们全围在海迪的周围，看着大章兴，焦急地问："大章兴，咋样？人家玲玲姐得的是啥病呀？"

大章兴并不回答，继续神情专注地搭脉，之后又看了看海迪的脸和舌苔。

接着，大章兴才在人们关切的目光中，不紧不慢地说："我看这脉象有点弱，得吃点好的补养补养。这腿不管事的毛病，我看是血脉不通，这就好比一根电线断了，电不通了，这灯泡还能亮吗？我看，关键是要想个法子，把这断了的血脉接上。"

大家纷纷点头赞许。大章兴说:"我看这第一步,先得吃点舒筋活血片,让筋脉通畅。第二步再吃点鸡蛋皮,那玩意儿补钙,吃了骨头结实,骨头结实了,人才能站着撑架子。最后这一步就得靠自己使劲啦,你得常扶着桌子练习,说不准哪天就能走了。"

自从大章兴给海迪诊病以后,村里的大人和孩子都热切地关注着海迪的病。海迪托人在公社卫生院买了一瓶舒筋活血片,一日三次,一次三片地吃。孩子们给海迪送来了一大堆鸡蛋皮。小五问他娘要鸡蛋,他娘开始以为是他嘴馋,骂了他一顿。他说是为了给玲玲姐送鸡蛋皮,小五他娘立即不骂了,赶紧从鸡窝里掏出刚下的鸡蛋,让小五赶紧给送去。小五在半道上给鸡蛋钻了一个窟窿,仰起脖子把鸡蛋里的蛋清蛋黄嘬干净,然后把鸡蛋皮送来了。

几场南风刮过,田野里的麦子由青转黄,村民们拿着镰刀下地割麦的时候路过海迪房间的小窗口,总要热心地问一问:"玲玲,咋样?你的腿有了点动静不?"

海迪每天都会扶着桌子试着站起来，她不想让村民们失望，更不想让孩子们失望。可是，她的腿依旧麻木，依旧不听使唤。

有一天，海迪突发奇想：或许在腿上绑上木夹板就能站起来了吧？她把这个主意告诉孩子们，孩子们说"准行"，便马上行动起来。

小五跑到木匠家里，向他要来了一堆长长短短的木片。新年回家向他娘要来了粗布绑腿，福明向他姐姐要来了一捆刚纺出来的棉线。

先将木片贴着腿安放，作为支撑，再用绑腿缠紧，又用棉线扎牢。一切准备停当，这是一个多么激动人心的时刻啊，海迪就要站起来了！

孩子们七手八脚地又搀又架，把海迪扶了起来。海迪觉得头很晕，眼前的一切都向一边倒，但她使劲站着，希望能多坚持一会儿，让孩子们高兴……海迪的额头上渗出了冷汗，她感到恶心，感到眼前的一切都晃动了起来。终于，随着嘭的一声闷响，海迪向前扑倒在地上，眼前立即飞起无数金星，一股热流从鼻子里冒了出来。

孩子们全惊呆了，站在那儿不知所措。他们愣了好一会儿，才手忙脚乱地把海迪扶起来，让她坐回到木轮椅上，然后大家相互指责，问到底是谁先松开的手。

眼泪在海迪的眼眶里打转，但她强忍住了，她不能让眼泪流下来。海迪擦去鼻子里流出来的血，说："这不怪你们，我得的就是腿站不起来的病。"

孩子们说："玲玲姐，往后俺们就当你的腿，你叫俺们干啥俺们就去干啥……"

海迪十六岁那年，收到了一个朋友给她寄来的包裹，里面是一支口琴。

她还收到了另一个朋友寄来的礼物，是一本《苏联歌曲集》。

这两个朋友，都是男孩子，一个十七岁，一个十八岁。

一个朋友说："海迪，你想念朋友的时候，就吹起这支口琴吧！"

另一个朋友说："海迪，你想念朋友的时候，就唱歌吧！"

十六岁的海迪，正是敏感而多思的年纪，她少女的心，常常感到莫名的孤独和忧伤。

于是，海迪开始夜以继日地练习吹口琴，用口琴吹奏《苏联歌曲集》里的歌。吹起口琴，就仿佛看见那两个穿着白衬衣的男孩子，穿过田野，来到她的小窗前，对她微笑……

孩子们很喜欢海迪的口琴，她一吹，孩子们就跑过来围住她，说："玲玲姐，叫俺们也瞧瞧你的口琴吧。"于是，口琴在一只只小手上传递着，孩子们的眼睛里闪着好奇羡慕的光。

小五说："玲玲姐，俺们也想吹吹口琴，俺们每人吹一下，行不？"

海迪说："行。"

口琴在孩子们的手中传递，他们每人吹一下，吹出来的声音有的高有的低，有的长有的短，有的像牛在哞哞叫，有的像汽车在鸣笛。孩子们一个个研究着口琴，不明白这个小物件为什么能吹出那么多不同的声音。

这支口琴给大家带来了许多快乐。

有一天，孩子们推着海迪去十八里堡赶集。他们穿过刚刚收获过庄稼的田野，穿过茂密的树林，

一支口琴

一路上走走停停，停停走走。停下来的时候，海迪就在树下吹起口琴。琴声在田野里飘荡，孩子们在田野里打滚嬉戏。他们攒足了劲推着海迪的木轮椅飞跑，他们说："玲玲姐走不了路，我们要让玲玲姐飞起来。"

赶完集，他们又推着海迪去公社看电影。

那天晚上放映的是阿尔巴尼亚的《地下游击队》。阿尔巴尼亚的游击队员击毙了意大利法西斯的走狗马卡列奇上校，又出其不意地夺走了敌人军火库的枪支弹药，烧毁了军火库。由于叛徒的告密，女游击队员德丽塔被捕。意大利警察头子对打进敌人内部的游击队员彼德罗产生怀疑，故意让彼德罗去枪毙德丽塔以验真伪。为了保护战友，彼德罗暴露了身份，但在千钧一发之际，地下游击队赶到，营救了德丽塔和彼德罗，活捉了法西斯警察头子。

故事扣人心弦，海迪和孩子们看得津津有味。

看完电影回到村子里的时候已经是大半夜。海迪回到自己家的小土屋，点亮桌上的小油灯，看见了放在油灯旁的口琴盒，她急忙掏自己的口袋，想把口琴放回到口琴盒里，这才发现：口袋里空空的，口琴不见了……

"啊，我的口琴丢了！我的口琴！"海迪忍不住哭起来。她非常难过，好像心也被摘走了一样。

海迪只顾难过，只顾流泪，她没有注意到孩子们是什么时候悄悄走出屋门的。

第二天早晨，海迪还在为口琴难过，哭泣。

孩子们出现在海迪的窗口。

小五问："玲玲姐，你哭啥？"

海迪说："我的口琴丢了……"

小五说："玲玲姐，你别哭啦，你的口琴俺们给你找着啦！"

说着，小五将那支闪亮的口琴递了进来。

海迪简直不敢相信自己的眼睛。

她拿起口琴轻轻吹了一下，哦，口琴的声音依然那么好听。

孩子们咧开嘴巴嘻嘻嘻地笑起来，海迪也笑了。

原来，孩子们当天晚上就返回去给海迪找口琴了。他们找到距尚楼村好几里地的黄楼店，才看见那支口琴掉在路边,在月光下闪闪发亮。

海迪问他们:"你们要是找不到口琴,怎么办呢?"

小五说:"我们都商量好啦,要是找不着,就敲着盆挨村喊,谁拾着了,就让谁给你送回来。"

海迪搂着孩子们,眼泪又流了下来。这一次,不是伤心,而是感动。

那一滴滴滚烫的泪一直凝固在海迪的记忆里,那里面永远映现着鲁西平原上的父老乡亲们淳朴善良的脸庞。

自学针灸

尚楼村海迪家土屋的西头,有一户姓孟的村民,家里有一个四五岁的小男孩叫孟方,因为个子长得小,大家都叫他"小不点儿"。

小不点儿特别喜欢来海迪家玩,玲玲姐长、玲玲姐短地叫个不停。海迪家刚到尚楼村的时候,爸爸妈妈忙着和村民下地干活,妹妹上学去了,海迪独自待在土屋里,望着木屋的窗口外面发呆。小不点儿便捉来磕头虫给海迪玩。海迪看书的时候,他就在屋外的窗下垫几块砖头,趴在窗台上看海迪看书。过一会儿又问:"玲玲姐,你看书闷了吗?你要是看书闷了,我就推你出去玩。"

海迪很喜欢小不点儿,一天看不到他,就会

想：咦，小不点儿到哪儿去了？

有一天，小不点儿的妈妈抱着小不点儿跑到海迪家，对海迪说：

"玲玲，你是城里来的姑娘，懂得多，你看我家小不点儿，是不是生病了？"

海迪一看小不点儿，发现他已经眼睛翻白，口吐白沫，脖子向后挺着，显然已经病得不轻。但海迪毕竟只有十五六岁，自己也没有学过医，不知道小不点儿生的是什么病，只得赶快催着小不点儿的妈妈把小不点儿送去医院，不要耽搁了。

然而，尚楼村离县医院有二十多里地，还在半路上，小不点儿就死了。

小不点儿死了以后，海迪非常难过，她恨自己为什么不会治病。如果自己会治病，小不点儿不就不会死了吗？这件事情给了海迪启发。她在学校只是当代课老师，并不是真正的工作，秋玲老师探亲回来，她就没有机会再坐在讲台上了。她想，自己虽然不能下地干活，但学医给人治病不也很好吗？多少年来，海迪自己就饱受疾病的折磨，深知病痛给人造成的痛苦，而尚楼村缺医少药，如果自己能够给人治病，小不点儿这样的悲剧就不会再发生了。

于是，海迪决定学习医学，给村民们治病。她把自己的零花钱、过年过节爸爸妈妈准备给她买新衣服的钱都存起来，托回济南探亲的知识青年朋友买来了医学书、体温表、听诊器、针灸针，还有人体模型。

海迪开始学习针灸。

针灸是中国特有的治疗疾病的手段。它是通过针法和灸法刺激经络、腧穴，来达到由内而外治疗全身疾病的目的。人体有三百六十一个正经穴位，通过将针按一定的角度插入患者体内，运用捻转和提插等手法对特定部位的穴位进行刺激，从而达到治疗疾病的目的。针灸医学在中国有非常长的历史，二〇〇六年被列入国家第一批非物质文化遗产名录。

二十世纪七十年代，中国针灸在世界上大显神威，一度开启了几乎与"乒乓外交"齐名的"针灸外交"。

一九七一年，在尼克松访华前夕，六十二岁

的《纽约时报》专栏作家詹姆斯·赖斯顿在北京访问时不巧患了阑尾炎，住进了北京协和医院。詹姆斯患的是急性化脓性阑尾炎，病情十分危急。周总理指示：手术一定要成功，千万不能感染！当天晚上，协和医院的专家们就给詹姆斯做了手术，术后又用针灸疗法为他治疗腹胀。詹姆斯回国后，在《纽约时报》发表专栏文章，介绍他自己在中国的经历和神奇的"针灸疗法"，文章引起了很大的反响。因此，第二年尼克松总统访华的时候，特别观看了针刺麻醉手术，也因此，二十世纪七十年代，不仅在中国，甚至在世界范围内都掀起了针灸热潮，使得世界人民重新认识到了中国传统医学的价值。

　　海迪开始学习针灸的时候，没有老师教，不过她自己让医生看病的时候，医生也给她扎过针。海迪就一边比照着书本，一边在自己的腿上、脸上、胳膊上练习。

　　练习了几个月后，海迪对人体的穴位都比较熟悉了，觉得自己对针法的掌握也不错了。海迪琢磨着，应该找个病人试一试了。

到了麦收的时候，有一天，海迪正在家里研读《新针疗法》，村里一位老大娘捂着脸哼哼着走到海迪的小窗前，问海迪："玲玲，你家有热水不？我牙疼病犯了，要找口热水，吃一片止痛药。"

海迪一边让老大娘进来倒热水，一边心想：自己研习针灸这么长时间了，用针灸疗法给大娘治一治牙疼会怎么样呢？

于是，看到大娘吃了止痛片要走的时候，海迪说："大娘，我用银针给您治治牙疼好不好？"

老大娘感到很惊奇，她说："玲玲，你会扎银针呀？好呀好呀！你快给我扎扎吧，可疼死我了。常言道，牙疼不是病，疼起来要人命！"

海迪将银针盒拿出来，放在桌子上。她拿起银针，又犹豫了，因为她除了在自己的身上练习，还没有给别人扎过针，要是把大娘扎坏了可怎么办呢？

大娘看到海迪犹豫的样子，心里明白了，她走到海迪的身边，对海迪说："玲玲，咱们庄稼人身子骨硬朗，没有那么娇贵，你就放心扎吧，扎好了是你技艺高超，扎不好大娘也不会埋怨你。"

大娘的话给了海迪莫大的勇气，她当场就给大娘扎起针来。因为扎针有助于缓解疼痛，几针扎下去，大娘明显感到牙不那么疼了。大娘高兴极了，逢人就说海迪治好了她的牙疼病。这样一传十，十传百，没多久，大家都知道了海迪会用银针治病的事情。村民们有个头疼脑热的，都会来找海迪，海迪给他们扎上几针，往往能起到缓解病症的作用，有的还真把病治好了。

五里路外的黄罗店有一位耿大爷，脑血栓引起偏瘫，已经三年了，家里很穷，没有钱到医院去治病。他听说海迪会扎针，还不要钱，就让亲戚们把自己抬来了。

耿大爷不仅偏瘫，说话也发不出声音来。海迪虽然从来没有治过这种病，但她想，只要人民需要，自己就要努力学习。为了给耿大爷治病，海迪一边研究针灸书，一边在自己的身上寻找哑门穴进行练习。

经过练习，海迪开始给耿大爷扎针。

扎了十多次针以后，耿大爷能说话了，虽然口齿不清，但总算是能发出声音，能简单地表达自己的意思了。

看到对耿大爷的治疗有了成效，海迪特别高兴。

又过了一段时间，耿大爷再来找海迪治疗的时候，就不用亲戚们抬了，自己可以拄着拐杖走来了。

大半年以后，到了那年快过年的时候，耿大爷带着萝卜、白菜、玉米面，手上举着一面写着"为人民服务"的小旗子，来到海迪家感谢海迪。耿大爷说："玲玲，你给我治好了病，你救了我一家，我感谢你！"

海迪心里那个高兴哟，简直没法用语言来形容。她第一次真正懂得了"给别人带来幸福就是自己最大的幸福"这句话的含义。她下定决心，一定要把自己的医术学得更好，为更多人治好病。她又让爸爸给她找来了《人体解剖学》《生理学》等书籍，自己学习解剖知识。没有标本，就让妈妈到菜市场买回猪的心、肝、肺、肾等内脏来研究。

在尚楼村的三年，海迪先后为群众治病一万多人次。

一九七三年春天，海迪的爸爸妈妈调回莘县工作，海迪也跟着爸爸妈妈离开了尚楼村。

离开的那天，来送行的人成群结队。海迪坐在马车上，来送行的爷爷奶奶、叔叔婶婶、兄弟姐妹们拉着她的手，说了好多好多话。他们说："玲玲，你回城里以后，别忘了咱们这里，你要是住烦了，俺们就把你接回来。你给俺们这些人治好了病，俺们一辈子也忘不了你。"

海迪坐在马车上，也有很多话想说，可是一句也说不出来。她的眼睛里噙满了泪水。她在心里说：尚楼村，再见了。乡亲们，你们不应该感谢我，是我应该感谢你们。是你们一颗颗纯朴的心，使我这个饱受疾病折磨的姑娘感到温暖，在你们中间，我才觉得自己是一个对社会有用的人。

在尚楼村的三年，是海迪从十五岁到十七岁的三年。尚楼村的这一段生活，对海迪的人生来说意义深远。她作为一个城市干部家庭的孩子来到贫穷的农村，亲身感受到了普通劳动群众的苦难和坚忍、淳朴和善良、乐观和豁达。同时，这三年也是海迪的人生观和价值观形成的三年，她从一个爱看书、爱学习、爱唱歌、爱艺术、敏感多思的城市小女孩，一个为自己的病而忧伤怨艾的小女孩，渐渐长成开始思考自己生命的意义和价值的大人。作为个人，她从小就不甘心受命运的摆布，总是坚强地面对困境，战胜自我，执着于自己的理想。但是，在尚楼村，她通过代课，发现自己原来也可以有所作为，对别人有用。而对别人有用给她带来了快乐，超过了她以前认识几个字、读一本书给自己带来的快乐。海迪以前在读《白求恩的故事》的时候，读到过这样一段话：白求恩离开加拿大蒙特利尔宽敞明亮的手术室，自愿到我国华北农村的小土屋里给伤员们做手术，他给他的女朋友写信的时候说，在中国工作，他得到了最大的愉快。以前海迪读到这个故事的时候，并不明白白求恩为什么会得到最大的愉快，她现在明白了。她也明白了以前看过的苏联电影《乡村女教师》中的瓦尔瓦拉·瓦西里耶夫娜毕业以后，为什么自愿离开城市，到遥远寒冷的西伯利亚，把自己的青春和自己的一生奉献给那里的孩子们。她也终于明白了雷锋的话："什么是幸福，幸福就是用自己的双手多为人民做些什么。"

一个人能把自己的一切献给社会的时候，就是最有意义的一生了。

从这时开始，海迪时刻希望通过自己的努力与付出，能为社会服务，能对社会和他人有价值和意义。正因为有这样的人生观和价值观，在"玲玲"一夜之间成为全国著名的"张海迪"以后，在"张海迪"热潮消退之后，张海迪却没有消失，她用更长的时间和更多的作为，让自己成了一个美丽的传奇。

死亡的洗礼

回到城里以后,海迪成了"待业青年"。

待业青年是指城镇中暂时未解决劳动就业问题的知识青年,是中国二十世纪七十年代末到八十年代初的一个特殊现象。许多知识青年从农村回城,既没能得到进一步学习的机会,一时又还没有安排工作,只能在家里待业。

十八岁,海迪迫切要解决的是自己的生存问题。

她想:难道待业就只能在家里天天等着吗?作为一个残疾的青年,我应该开创一条自己的路。

海迪非常喜欢美术,她想:那我就学画画吧,说不定有一天自己能用画笔为人民、为社会做点事呢！于是，海迪请朋友买来了教素描的书，开始在家里自学素描。她认真地画了一张又一张，贴得家里满墙都是。她正为自己的进步高兴的时候，有一天，一个画画的朋友来看她，兜头给她泼了一盆冷水：

"玲玲，我觉得你学画画有点不合适，你知道吗？画家作画是很不容易的，要一只手拿着调色板，一只手拿着画笔去涂抹，一会儿走近，一会儿走远，看画的光影与颜色，你连坐都坐不住，怎么能办到呢？再说，画家绝不能天天待在家里，画家要四处采风，写生，领略大自然的美，你怎么能去呢？"

海迪觉得画家朋友说得有道理，于是决定放弃画画，改学音乐。

海迪从小喜欢唱歌，很有音乐细胞，然而她是残疾人，不能像歌唱家一样站在舞台上演唱，她就想学一样乐器，尤其是那些可以坐着弹拨的乐器。

于是，海迪让爸爸妈妈找来一把琵琶，整天倚在被子上，一天到晚弹挑拨抹，无休止地练习。

经过一段时间，海迪终于可以用琵琶弹出完整的曲子了。她自己听听，也觉得弹得还不错，觉得自己学有所成，挺高兴的，憧憬着有一天能在舞台上弹琵琶给人们听。

然而，又有一个朋友说："玲玲，你学音乐当然很好，可是，要用来找工作有点不现实，你肯定进不了歌舞团。哪一个舞台上会有人报幕说，下一个节目琵琶独奏，演奏者张海迪，这时幕布开启，有人把你推上来？人们来剧院欣赏音乐，是为了美的享受，你这样的形象美吗？"又一盆冷水浇下来，海迪心里特别难过，但是，冷静地想想，又觉得朋友说得有道理，歌舞团也许永远不会接受一个需要坐在轮椅上演奏的演员。

当年与海迪家一道下乡的，还有二百四十个知识青年，他们中的许多人成了海迪的朋友。在海迪待业的这段时间里，这些知识青年有的被招到工厂工作，有的应征入伍，有的被推荐上大学，有的回了济南。他们陆陆续续都离开了，只有海迪因为身体残疾，一直没有被安排工作，她像一只被困在笼中的鸟一样被困在轮椅上，关在自己父母的家里。

海迪的爸爸又像当年给海迪找学校一样四处询

死亡的洗礼

问，到处想办法，但从劳动人事部门得到的回答是："你女儿是残疾人，上级还没有这方面的招工指标，在家里等着吧。"

海迪自己也多次找知青办，找劳动部门，多次到招工办报名。有一次，她还约了一些残疾人伙伴一起去找劳动部门申诉，希望他们能够在招工的时候考虑残疾人的权益。然而，这一切的申请和申诉都如石沉大海，没有回音。

随着知识青年朋友们一个个离开，海迪开始变得焦躁不安。每当有朋友来告别，她一方面为朋友们有了新的工作和新的生活而高兴，真诚地祝福他们；另一方面，心里也越来越难受，越发觉得自己是个没有用处的人。她怕看见街上匆匆奔忙的行人，怕看见蹦蹦跳跳的小学生，她甚至嫉妒大雁远征、蜘蛛结网。清晨看到阳光照上窗台，晚上看到月光洒在玻璃窗上，日升月落，日子就这样一天天过去了，原本乐观的她也不得不想：如果永远找不到工作，自己一辈子都会是父母的负担。一个人如果成了别人的负担，她的生命还有什么意义呢？

这一天，海迪在家里感到烦躁，想找本书看，

可是,因为心情烦躁,找了好几本书都觉得没有意思,拿起来又放下。她东翻西找,居然找到了自己的病历卡,两行字赫然在目:

"脊椎胸段五节,髓液变性,神经阻断,手术无效。"

从五岁半起,病痛就一直伴随着海迪,但她一直在积极治疗,爸爸妈妈和医生也总说:"你还年轻,只要积极治疗,总会好起来的。"虽然病情不断恶化,大约从十一岁起,她的下肢已经完全失去知觉,但她依然在积极治疗,而且爸爸妈妈和医生都让她相信,随着医疗技术的进步和发展,许多疑难杂症都会被攻克,她的病总有一天会治好的。

然而,"神经阻断,手术无效",这对海迪来说,无异于一份死亡判决书!

海迪看到病历,首先是一阵触电似的晕眩,稍微清醒以后,她拿来一把小锤子,狠狠地敲打自己失去知觉的双腿,一边敲一边哭喊:

"苍天啊!你为什么要让我出生?为什么?!为什么?!!为什么?!!!"

哭喊过、发泄过以后,海迪异常冷静,她在生死之间做出了一个抉择,她选择了死!

死!死了,痛苦就结束了;死了,就不会成为任何人的负担了。

做出了这个决定,海迪反而变得坦然了。

在接下来的日子里,海迪精心地筹划自己的死。她撒了谎,从母亲和朋友那里陆续要来了一些安眠药和安眠针剂。那是一九七四年七月十四日,晚上八点。这天,海迪的爸爸妈妈去聊城出差了,家里只有海迪一个人。海迪将门窗紧闭,拿出藏在床板下的全部安眠药,倒了半杯水放在桌上,开始给爸爸妈妈写遗书。

亲爱的爸爸妈妈:

当你们看到这封遗书的时候,你们的女儿已经不在人世了。把我忘掉吧!在疾病面前,我是一个开朗的人,我有着和正常人一样的理想和梦想。有人说过,人生是否有价值的标准就是以此人对社会所做的贡献为尺度的。可是我呢?我的疾病遏制住了我,让我变成了一个不能为社会做贡献的人,像我这样一个废人，活一天和活一百天又有什么不一样呢？

爸爸妈妈，在即将分别的时候，女儿拜托你们几件事情：

妈妈给我做的连衣裙我已经试过了，颜色非常漂亮，穿在我身上也合适，我十分喜欢布料的花色，也喜欢爸爸为我编织的花边。爸爸妈妈在这件衣服上倾注了多少对女儿的感情呀！我有一个考上大学的朋友，身材和我差不多，妈妈，请你把这条裙子送给她吧，相信她穿上也一样漂亮。

爸爸给我买的那盒银针，就请爸爸把它送给和我一样喜欢学医的那个朋友吧！我们有着共同的语言，但是请爸爸拿出其中一根银针，放在我的骨灰盒里，因为它曾给我带来无穷的快乐！

爸爸妈妈，你们不要为我悲伤，当你们明白我为什么会这样做的时候，你们一定会原谅我的，会宽恕我的！

爸爸妈妈，再见了！

写完了遗书，海迪抓起药，毅然决然地将它们塞进嘴里。

当她端起桌上的水杯喝水的时候,手却颤抖起来……

她突然想起了在尚楼村的日子,那些淳朴的村民和那些可爱的孩子;想起了《钢铁是怎样炼成的》中保尔在公园自杀的情景,保尔最终战胜了自己,为社会做出了贡献……而自己呢?自己曾经也做过一些事情,其实还能做更多的事情呀……

她突然觉得自己是那么渴望活着,活着多么幸福呀!她后悔了,可是,溶化在胃里的药开始发挥作用,她感到自己的心、肝、肺都在燃烧,四肢发冷,呼吸困难,仿佛有一只可怕的手正把她推向无尽的黑暗和无底的深渊。为了让自己保持清醒,她用力扯着自己的头发、衣服,用尽全身力气大声呼救:

"叔叔阿姨,快来救救我呀!快来救救我呀!"

院子里的人们听到这凄惨的叫喊,赶忙朝海迪家跑来。他们合力将门撞开,冲进了海迪的房间。只见海迪面色苍白,嘴唇紧闭,痛苦地斜躺在床上,陷入了昏迷。她的一只手狠狠地抓着自己的头发，另一只手紧紧握着拳头，似乎在与死神做着抗争。

人们赶紧把海迪送进医院抢救。

注射，洗胃，输液，人工呼吸……经过二十多个小时的抢救，海迪终于睁开了眼睛。

从聊城赶回来的爸爸妈妈看到海迪醒了，呆滞的眼睛里闪出了泪光。

海迪看到身边围着的亲人和朋友，感到羞愧极了。

大家说："玲玲，我们一直觉得你很坚强，你怎么会做这种傻事？"

海迪用虚弱但坚定的声音说："我做错了！我再也不会这样做了！我要做一个战胜困难的胜利者，不做失败者！"

经过死亡的洗礼，海迪下定决心要顽强地活下去。一位长者的话更让她豁然开朗："世界上根本没有绝望的处境，只有对处境绝望的人。"她认识到不能因为自己残疾，就将自己身上健康的部分也一并毁掉。她不能屈服于绝望，她要挑战自己的命运。

死亡的洗礼

最佳突破口

出院以后,海迪决定不再等待"招工",而是加倍勤奋地钻研医学知识。她在自己家里开了一个"张氏医寓",拿起银针,主动为人们治病。

一九七五年,莘县城关医院的领导知道海迪擅长针灸,是个难得的人才,就把她招为了临时工,在医院开设了一个针灸科。

海迪终于走出家庭,开始了正式上班的日子。

城关医院是一个温暖的集体,大家知道海迪行动不便,都很照顾她。大家知道她多才多艺,每当学习的时候,领导就会让她给大家读报纸,过节日的时候,又会让她给大家画板报,让她搞宣传。不管什么工作,海迪总是饱含激情、兴致勃勃地去做，她愿意一个人做很多个人的事，愿意去开拓自己的工作道路，让自己的生活变得精彩。

因为大小便没有知觉，海迪为了减少麻烦，也为了能更集中精力工作，她白天上班坚持不喝水，不吃流质的食物，晚上回家再喝水。

海迪虽然会针灸，但她希望自己的医术能尽快提高，能够像一个真正的医生那样为病人诊断。她钻研医学书籍，学拉丁文，碰上自己拿不准的病例，就向医院的其他医生请教。

在上班的第一个月，海迪治疗了将近七百个病人。能为这么多病人减轻痛苦，海迪非常高兴。

一九七五年五月十六日，海迪领到了她平生的第一笔劳动报酬——她第一个月的工资。以前她在尚楼村当代课老师，为病人针灸，或者开"张氏医寓"为人们治病，都是不收取报酬的。

海迪第一个月的工资是二十五元。她对自己第一次取得的劳动报酬特别珍惜，如何分配这二十五元钱呢？她在日记里是这样写的：

最佳突破口

一九七五年五月十六日

今天，领导叫我去领工资，这是我第一次领取劳动报酬。我打算这样安排二十五元钱：每月拿出二至五元买书；拿出两元钱买一些实用的东西，比如笔、小刀、纸和零用的药、器皿等；不买什么衣服了，因为穿好并没有什么意思；其余的钱全交给妈妈。我一定学习列宁同志：不乱花钱，把节约的钱用到正当的地方去。

海迪长得很漂亮，也特别爱美，但她拿到自己第一个月的工资的时候，不是想买漂亮衣服，而是首先想到买书，把钱用到正当的地方。那时候她并没有出名，也没有谁要求她这样做。作为一个从小被疾病折磨的残疾孩子，她的爸爸妈妈特别疼爱她，绝不会要求她把工资上交，但她总是自觉这样严格要求自己，不管是学习上、工作上，还是生活上。

严于律己，对海迪来说已经形成了习惯。正是对自己的这种严格的管理和要求，才让她一天一天地把自己塑造成了一个传奇。

有一天，海迪正在医院里给病人扎针，一个老同志拿着一瓶进口药进来找她。

老同志说："玲玲，听说你特别爱学习，读了很多书，我亲戚从国外给我带回来一瓶药，说是治心脏病的，可是，这药该怎么用，他没有说。我一句也看不懂，想请你给翻译一下这瓶药的说明书。"

海迪接过来一看，药品说明书全是英文。她不好意思地说：

"对不起，我没有上过学，没学过英语。"

老同志失望地走了。

看着老同志的背影，海迪觉得自己没有帮上忙，挺愧疚的，但这件事却启发了海迪：

哎，我为什么不学英语呢？

海迪的记忆力很强，学习特别刻苦，又善于总结学习方法。几个月前，医院里的同事借给她一本医用拉丁文书籍，她对照词典学习、抄写，进步神速，现在差不多可以用拉丁文开处方了。

海迪特别爱学习，只要她用心学一样东西，总是能学得像模像样。她学画画，学唱歌，学弹琴，自学针灸和其他医学知识，成绩都不错。但也因为这样，爸爸一直觉得她学而不定，习而不专，还旁敲侧击地跟她讲过一个鼯鼠"五技而穷"的故事：

有一只鼯鼠，要啃破一只箱子，它正面啃啃不行，就去侧面啃；侧面啃啃不行，又去箱底啃。其实，箱子只有六寸厚，鼯鼠在箱子的每一面都啃到了五寸，它只要在任何一面再坚持啃两口，就能把箱子啃破。可惜，它因为啃的面太多了，费了许多力气，却没有把箱子啃破……

爸爸还意味深长地说："玲玲，你爱学习是好事，但一定要寻找到最佳突破口。"

那天下班回到家，海迪就跟爸爸妈妈说："爸爸妈妈，我想学英语，也许，英语就是我的最佳突破口！"

爸爸妈妈听了，也很赞成："记忆力好的人学外语最容易。玲玲，你记忆力好，学学试试吧！"

当时的莘县县城里买不到英语教材，于是，海迪马上给在外地上大学的一个朋友写信，请他寄一套英语教材回来。

没过多久，朋友寄来了一本上海外国语学院的英文基础教材。海迪打开书一看，自己连二十六个字母都不认识，这可怎么学呀？但"有志者，事竟成"，只要有毅力和恒心，办法总比困难多。

海迪的爸爸妈妈都是文化工作者，他们的朋友也都是文化人。海迪的爸爸妈妈虽然没有学过英语，但爸爸妈妈的朋友中有些人学过，因此，每次爸爸妈妈的同事、朋友来家里，海迪就问人家："阿姨，您学过英语吗？""叔叔，您学过英语吗？"如果有谁学过，海迪就拉着他不放，说："那太好了，您教教我吧。"就用这种方法，海迪没几天就把从A到Z的字母都背下来了。背下字母以后，她又跟着电台学会了音标。

学完了音标，海迪便开始背单词，记句型。她还为自己布置了一个英语环境，在她的房间里，凡是她够得着的地方，都写上了单词，床上、书架上、桌子上、墙上有，她自己的手上、胳膊上也有。看到单词就记，就背。她还给自己规定了任务，每天不管多忙多累，不记住十个单词就不睡觉。经过一个阶段的大量练习，她掌握了一些单词和句型的规律，学起来就更快了。

记和背都是"哑巴英语"，要真正把英语学好，必须练习对话和口语。海迪多么希望有个人能和她进行对话练习啊，可是，那时候中小学的英语课都停了，懂英语的人特别少，而且海迪白天要到医院上班，她只能晚上回到家里自己练习，但她给自己找到了一位"英国朋友"，那就是镜子里的自己。为了跟镜子里的自己对话，海迪总是先把两份稿子背下来，一份代表一位中国姑娘，一份代表一位英国姑娘，然后对着镜子，你一句我一句地练习。

海迪开始学英语的时候，莘县连一本英语词典也买不到。她就自己到处收集印有英文的标签，还写信向朋友们要。她把收集到的英文标签按字母顺序贴在本子上，于是就成了一本五颜六色的词典。

那段时间，海迪学英语简直入了迷。她写信托在外面上学的朋友买英语资料和词典，跟他们通信的时候也用英文。

通过学英语，海迪还总结了一个公式：努力＋毅力＋实干－骄傲＝进度。

海迪学英语的初期，以前上过大学的叔叔阿姨们可以帮助她,可是,要进一步提高,海迪就需要一位好老师来指导她。

幸运的是,在小小的莘县就有一位这样的"名师"。有一位名叫王充允的老师,他从小在北京的教会学校跟英国修女学习英文,后来毕业于天津政法学院。他留过洋,还在旧时的《天津日报》当过三年翻译。

在好心人的介绍下,海迪认识了王充允老师,正式拜他为师,学习英语。

有王老师在英语口语和语法上给予指导,海迪进步得更快了。

海迪一边学习,还一边试着翻译医院那些进口药的说明书。她摸到了一点儿规律,发现药品说明书其实并不难翻译,因为里面大都用的是被动语态,而药品的成分一查化学词典就懂了。

仅仅翻译药品说明书已经不能满足海迪的求知欲和好胜心了,于是,她开始试着翻译英文小说《月亮宝石》。

夏天对海迪来说是最难熬的,因为出汗让她

的体能消耗很大，而且，夏天穿得少，更容易长褥疮。

她的肋间神经痛的毛病也一直不见好转。

她的病还在不断地发展。

在医院工作的时候，因为坐不住，在给病人针灸的时候，她得向右侧着身子，把前胸抵在轮椅的扶手上，这样一来，她的脊椎的弯曲度就增大了。

她每天在医院工作八小时之后，回到家里又一头扎进英语的世界。

海迪的身体状况日益恶化。

上海医学院的医生们给她做过检查后，说："你不要上班了，回家疗养吧，不然你不会再活多久了。"

然而，海迪说什么也不愿意放弃工作躺在床上等死。正因为知道自己所剩的日子不多了，海迪反而把生死置之度外了。

一九七六年冬天，海迪的病情进一步恶化，她不得不到济南去接受第四次大手术。

手术前，医生就跟海迪说："海迪呀，你也学过一些医学，我们也不想瞒你，做脊椎手术是非常痛苦的，而且你的病情发展得很快，即便手术也不一定成功。但你一定要坚强地活下去，一定要争取活过二十七岁。"

海迪平静地说："你们为我做手术吧。如果做好了，哪怕能让我坐起来，我回去以后就能更好地工作。如果治不好，我也不悲观，躺着，拿起笔我也能工作。再退一步说，实在治不好，或者真有危险，我也希望你们能在我身上得到经验，那我也就非常高兴了。"

手术的那天正好是冬至，正是北半球白昼最短、黑夜最长的日子，也是山东开始数九的日子。虽然医生尽了最大的努力，但手术依然没有成功。

她像一团火

因为手术没有成功,海迪连坐都不能坐了,她没有办法再去医院上班了,只能整天躺在床上。好在她已经开始了英语的学习,就像她自己在手术前所说的,哪怕躺在床上,她也还能学习,还能工作。

在一九七七年到一九七九年这三年里,海迪一边以坚强的意志强迫自己顽强锻炼,让身体功能一点点恢复,一边如饥似渴地学习。她不仅继续学习英语,还开始系统地学习数学、语文,因为她想上大学。

恢复高考后,海迪的许多朋友陆陆续续考上了大学。海迪也想考大学,可是她让妈妈替她去报名

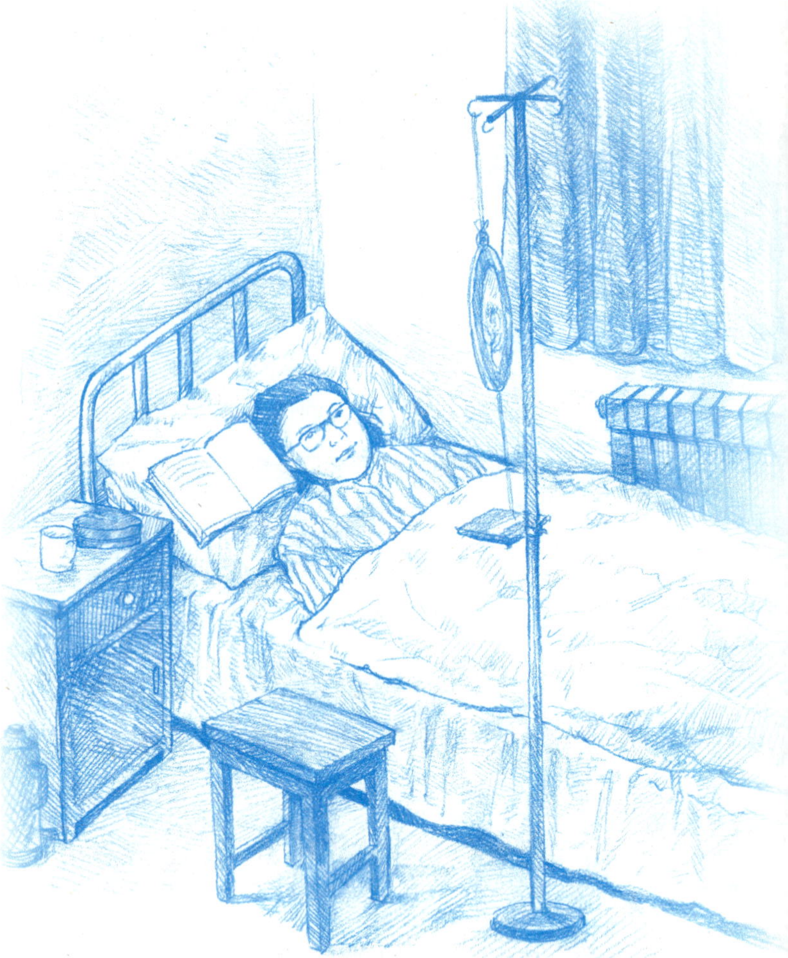

的时候，妈妈回来却告诉她——报名没有通过。

"我就知道会这样，因为我是残疾人。"面对妈妈，海迪平静地说。

妈妈一走开，她就悄悄地哭了，因为自己的愿望成了泡影，因为疾病给予她的一次次打击……但很快，她就擦干了眼泪，又拿起笔来学习。她再一次意识到自己哭是因为还不够坚强，她需要在生活的挫折中不断获得继续前进的力量。

一九七七年以后，中国的改革开放正在酝酿之中，社会生活的方方面面都萌发出生机和活力，外语人才尤其紧缺。海迪虽然不能上大学，但这时她已经立志要当一个翻译工作者。除了英语之外，她还开始了日语和世界语的学习。后来王充允老师又给她介绍了一个法语老师，她又开始学习法语。

她学会了英文打字，经常用英文给会英语的朋友写信。

她自己虽然上不了大学，但她鼓励已经在济南工作的妹妹小雪去考大学：

今年考学我知道你是没有希望的。本来爸爸说你报文科也许行，后来一听说要考数学，我们就灰心了。不过你的年龄还小，再努力三年也不晚。在这三年里，你只要有决心学习，我想你还会成功的……

我想了想，觉得你学日语比较好，如果你有决心，咱们就一起学吧。学好日语必须有中文基础（特别是语法基础）。日语比较好读，也好记。如你能找到人教就更好了。我们给你买了一本《基础数学和微积分》，不知道你是否需要。如果你将来报文科，不用考理化，但要数学好。另外，求你一件事，如果有机会下山，千万到外文书店为我找一下英语和日语书，千万！！！买到后寄给我，主要是有关语法的……

——《给雪妹》一九七七年十一月十九日

她也常常和在外面上学、工作的朋友们谈理想和人生。她乐观，开朗，对人生有自己的见解。她虽然重度残疾，却像一团火一样影响着周围的朋友：

我还好，每天穷忙，也可以说每天都在拼命。我仍是学习英语，另外还有数学。这些东西学起来都是费脑筋的。我每天白天学习，晚上还要学到十几点钟。我把书当成了我的好朋友（终身的忠实伴侣），学习起来，我就会忘掉一切的烦恼……

——《给师嘉姐的信》一九七八年三月七日日

此次莘县之行，您目睹了我的一切。我正值年轻而应有所作为之时，但病魔却在吞噬我青春的生命——虽然我已经扛住了疾病的八次反复和四次大手术的折磨。现在，我精神尚佳，但也深知生命已经快到尽头了。尽管我有着许多美好的理想和愿望，但都不能不受制于这个可恶的病魔。对此我并不感到遗憾和悲观，因为我已在大家的帮助下找到了终生幸福的源泉，我十分虔诚地将我的全部感情献给我为之奋斗的事业：学习，再学习！贡献，再贡献！我决心保持永恒的革命乐观主义精神，不为个人的自私而快乐，要为人类的幸福而乐。

我感谢您的指教，我会朝着你们为我所做的设想——做一个翻译工作者而奋勇前进的。当然，我的征途像我的脊柱一样呈S形状，但只要努力，我相信我的归宿一定会是光明的（您不会认为这是傻瓜的自我安慰吧？）……

——《给正刚兄》一九七八年三月十五日夜

在莘县，海迪像一团火，像一束光，周围总是围着一群朋友。她和朋友们一起唱歌，弹琴，组成学习小组互相促进。他们一起学英语，学日语，上业余学校。每次看电影的时候，大家推着她一起去，总是买第一排的票。

一批批老朋友通过招工、考试离开了莘县，又有一批新朋友聚集在她的身边。

在海迪的影响下，他们中间只有追求进步的强烈欲望，没有消极悲观的唉声叹气；只有赤诚相见的纯洁友谊，没有虚情伪善和相互嫉妒。他们常常为一个朋友考上大学而尽力，并为他考上大学而高兴。大家相互帮助，使一些意志消沉的朋友也重新振作起来。

一九七八年，有两位朋友要考大学，海迪当时坐起来还有些困难，她就躺在床上为朋友出题，批改作业。后来，这两位朋友考上了同一所师范学院的英语系，他们拿到录取通知书的当天就来到海迪家，他们说："玲玲，多亏了你的帮助我们才考上了大学，我们该怎么感谢你呢？"海迪说："能考上大学都是你们自己努力的结果。我只是希望，你们上了大学以后，每次回来，都能把老师教给你们的知识再教给我，这样，也等于我上大学了。"

还有一个朋友小王，因为两次考大学都名落孙山，她感到理想破灭了，整天垂头丧气的。海迪就对她说："上不了大学，我们还可以自学啊。只要持之以恒，我相信你能做出成绩来的。"后来，小王报考了函授大学。两年以后，小王已经开始在报刊上发表文章，后来还跟海迪合作，把小说《小黑马的故事》改编为电视剧。

一九八一年春天，对海迪来说，似乎充满了生机和希望。

经过顽强的锻炼，她的身体机能有所恢复，又可以靠着东西坐起来了；她还获得了参加正式招工的资格，被安排在县广播电视局当修理工。

广播电视局的领导知道她身体不好，嘱咐她可以先在家休养，过半年再入职，但海迪特别珍惜这份来之不易的正式工作，只想一上班就大干一场。

海迪之前没有学习过无线电知识，现在她又从零开始，学习无线电知识。修理无线电设备的时候，因为坐不住，她只能把桌子的抽屉拉出来顶住，让前胸搭在抽屉上，趴在那里工作。冬天还好，夏天衣服穿得薄，她的前胸又没有知觉，常常硌出一道道血印来。

海迪一直有肋间神经痛，需要服用止痛药来缓解。为了能够坚持学习和工作，海迪服用止痛药的剂量越来越大，止痛药的副作用也越来越严重。

一九八一年是国际残疾人年，十月二十五日，海迪写了一篇文章寄给《中国青年》，谈自己身为一个残疾人对残疾人问题的思考。她认为，虽然国家很重视残疾人问题，但残疾人自己更要做到身残思想不残，应该积极发掘自己的兴趣和爱好，努力锻炼自己的聪明才智，争取有一个美好的前途。她认为，只要肯努力，残疾人并不比健康的人差，残疾人的前途也是光明的，伟大的。

然而，就在海迪满怀希望憧憬未来的时候，病魔再一次向她伸出魔爪，扼住了她命运的咽喉。

十月二十六日，海迪因为服用了大量的止痛药，发生了严重的药物中毒，导致她呼吸间歇停止一小时五十分钟。

医生全力抢救，才将她从死神的手中夺回来，但她昏迷了整整五天。

谁也没有想到，这五天，在小小的莘县会有那么多人关心她，牵挂她。她的伙伴们来了，广播电视局的领导和同事来了，尚楼村的村民代表也来了。大家来看望她，慰问她，守护她，大家都希望她能够活过来。

五天以后，海迪终于醒了。当她终于睁开眼睛的时候，她感到自己好像是突然来到了这个世界。当她认出守护在床边的妈妈和妹妹的时候，她高兴地说："我还活着，太好了！"

海迪清醒以后，看到病床边的床头柜上放着的药，有些是会刺激大脑的，她一下子又急了："妈，您为什么让医生用这些药呢？要是把我的脑子弄坏了，我可就什么也做不了呀！"为了知道自己的脑子还能不能使用，她立即让妈妈给她找来纸和笔，试试看自己还能不能写字。

妈妈给她拿来了纸和笔以后，她飞快地在纸上写下了"生命之树是常青的"几个字。看到自己还会写字，她非常开心。可她又担心自己的延时记忆是不是受损了，为了检查自己的记忆力，她立即让妹妹考她日语单词，看看第二天是不是能记得住。妹妹当天考了她十一个日语单词，第二天早晨她在病床上醒过来的第一件事情，就是回忆昨天那十一个单词。她发现自己还记得，这才完全放心了，并且高兴地说：

"好哇，我又一次战胜了病魔，夺回了学习、工作和生活的权利！"

荣誉的光环

　　海迪特别爱笑,她的笑声清脆,像银铃一样悦耳,富于感染力。在周末,或者在学习和工作的闲暇,她和身边的朋友们常到莘县的南大桥边去玩。黄昏时分,玫瑰色的晚霞铺满天边,又为桥下清凌凌的河水镀上一层金色,她和朋友们尽情地唱啊,笑啊,感受着生活的美好,青春的美好。

　　有一天,在南大桥附近,海迪清脆的笑声像流泉一样淌入一个过路人的耳朵。过路人不由得回头看向这一群年轻人,他看见一群年轻人推着一台轮椅,而轮椅上的那个姑娘,他仿佛是认识的。

　　这个过路人是一个医生,从济南来莘县出差。海迪小的时候,他曾经为她治过病。他曾认为海迪患了这么严重的病，不等长大就会死去。他没想到海迪居然还活着，而且还这么快乐，这么青春洋溢。

就在海迪因药物中毒被送进医院抢救的那段时间，《山东画报》的摄影记者李霞正好到莘县采访，住在县委招待所里。那天，她听到服务员们在议论：

"玲玲姐这次住院，病情可不轻呀！""我们下班后去看看玲玲姐吧，但愿她能挺过来……"

李霞觉得有些奇怪，便问玲玲究竟是个什么人。服务员们告诉她，玲玲是一个残疾姑娘，也是莘县的"名人"，她在广播电视局当修理工，自学了英语、日语、德语等好几门外语，能为医院翻译药品说明书，为外贸公司翻译资料，同时还热心地为群众针灸治病。县城里的年轻人都愿意聚在她的身边，大家都十分敬佩她。

李霞决定去看看这个叫玲玲的姑娘。李霞来到海迪的病房的时候，海迪刚与死神擦肩而过，身体还十分虚弱，但她的精神状态特别好，李霞感到她根本不像一个病人。于是，李霞对海迪进行了采访，还为她拍了一系列照片。

李霞采访完后回到济南，正赶上另一个采访任务——山东省引黄济津典礼。

一九八一年十一月二十七日，山东省引黄济津典礼在东阿县举行，新华社山东分社派记者宋熙文去采访。

在从济南开往东阿的车上，李霞和宋熙文同行。李霞说起了自己前些日子在莘县的采访，说莘县有一个残疾姑娘叫张海迪，小名叫玲玲，说医生都觉得她小时候病得那么重，竟然活过来了，而且精神还那么好，简直是一个奇迹……还说她自学了几门外语，一直义务为别人治病，周围的年轻人都愿意围着她……

听了李霞的话，具有高度新闻敏感性的宋熙文敏锐地意识到了什么。当时，中国改革开放的大幕刚刚拉开，过去的一些精神寄托和价值观在改革大潮的冲击下崩塌，许多年轻人陷入了精神的迷惘。一九八〇年，一个名叫潘晓的年轻人给《中国青年》杂志写了一封名为《人生的路啊，为什么越走越窄》的信，这封信全文刊登在当年的《中国青年》杂志上，这就是著名的"潘晓之问"。

宋熙文觉得这个姑娘的故事后面，有一种精神在跃动，值得进一步了解和挖掘。典礼结束以后，宋熙文将新闻通讯稿托人带回济南，自己邀请李霞一起去了聊城，他想从聊城地委打电话到莘县宣传部门，先了解和核实一下玲玲的情况。

电话打到莘县宣传部，接电话的人说，确实是有这么个姑娘，她就是县委宣传部副部长张坦夫的女儿，而且巧极了，张部长当时正在聊城出差。

宋熙文立即联系了海迪的父亲张坦夫，张坦夫跟宋熙文简单介绍了一下海迪的情况，宋熙文立即提出要去莘县采访海迪。但张坦夫说，海迪目前还在医院，身体状况很糟糕，不太适合采访，婉言谢绝了。

但海迪的故事一直在宋熙文的心里，他回济南以后，又从别的途径了解了海迪的一些情况。凡是认识海迪的人，都为她的坚强毅力，为她的学习热情，为她对人的热忱、对工作的热爱所感动。宋熙文越发觉得海迪的故事值得报道，值得让更多人知道。

于是，十多天后，宋熙文和李霞又专程从济南赶去莘县采访海迪。虽然当时海迪的体温还在三十八摄氏度以上，但她还是热情地接受了采访。这一次宋熙文他们在莘县待了十天，除了采访海迪之外，还采访了海迪工作的单位、身边的亲人和朋友、尚楼村的村民，还有她曾经治愈过的患者。

一九八一年的十二月二十八日，新华社播发了宋熙文采写的通讯《只要你能昂起头——记瘫痪姑娘玲玲》。十二月二十九日，《人民日报》把通讯内容精简成一千一百字，题目改成《瘫痪姑娘玲玲的心像一团火》在头版头条刊出；当天晚上的《全国各地人民广播电台联播》和第二天早晨的《全国各地人民广播电台联播》也做了头条报道。稍后，李霞的摄影报道《一朵从生活中撷取的鲜花》也在《山东画报》刊出。

于是，海迪的故事，仿佛一颗石子，在社会上和舆论界激起了千层浪。很快，海迪便收到了全国各地的读者来信、来电，山东省各新闻媒体的记者也都纷纷拥向莘县采访，中央其他新闻媒体和有关

荣誉的光环

部门也派人前往莘县了解情况。

几乎一夜之间,"张海迪"这个名字便家喻户晓了。

一九八二年十一月十一日,共青团山东省委做出决定,授予海迪"模范共青团员"的称号。

她虽然没有上过小学、中学、大学,但是,她来到了山东省体育馆给济南八所高校的八千多名学生做报告。当她摇着轮椅绕场一周的时候,掌声、欢呼声此起彼伏……

听了她的报告,一个大学生激动地在自己的笔记本上写道:"谁说你是残疾?没有理想的人才是残疾。"

山东大学授予她"名誉大学生"的称号,她是中国第一个享有这种荣誉的姑娘。

一九八三年二月二十四日,海迪进京。二十八日下午,时任团中央书记处书记、全国青联主席的胡锦涛主持召开了"首都新闻单位听取张海迪同志事迹介绍会"。一九八三年三月一日,《中国青年报》头版刊发长篇通讯《生命的支柱——张海迪之歌》,以及张海迪的自述《是颗流星,就要把光留给人间》。三月七日,"优秀共青团员"张海迪命名大会召开,授予张海迪"优秀共青团员"称号,她被誉为八十年代的"新雷锋"。三月八日,《人民日报》刊发报告文学《向命运挑战——记优秀共青团员张海迪》。三月九日,解放军总政治部在首都体育馆举行张海迪、朱伯儒(解放军学雷锋标兵)事迹万人报告会。三月十一日,张海迪在人民大会堂做事迹报告,这场报告的实况录像于三月十七日在中央电视台一套向全国播出。

在北京期间,康克清亲自到医院看望海迪,特别为她带了一束美丽的红花,那是朱德生前种下的芍药。

一九八三年五月,党中央发出《向张海迪同志学习的决定》,海迪成了八十年代的"青年先锋,时代楷模",成为亿万中国人的精神偶像。

海迪上了电视,全国成千上万的人通过荧幕看到了她。她的声音通过广播,传遍了祖国各地。

她坐在轮椅上,身上的衣服裁剪合体,显得高雅而时尚。她美丽的面庞上架着一副眼镜,透过镜片,能看到她长长的睫毛微微上翘,眼睛里的光清澈而沉静。她的长发披散在肩上,像黑色的瀑布。她说起话来,声音悦耳动听。她的脸上总是洋溢着笑容,明亮而自信。

从山东省体育馆到人民大会堂,海迪做了一场又一场报告。她的报告没有空话和套话,有的只是她作为一个残疾姑娘在疾病的折磨和自己的进取中的切身感受和体会到的生命真谛。她说:

"我要扼住命运的咽喉,决不向一切苦难低头!"

"残疾并不可怕,可怕的是失掉了进取的信心和力量。"

"用知识武装起来的人是不可战胜的。"

"活着就要做个对社会有益的人,就要为美好的新生活而奋斗。"

人们听了她的报告,一次次潸然泪下,也一次次反躬自问:人为什么而活着?应该做怎样的人?

海迪的面前,是一束束鲜花。她的耳畔,是雷鸣般的掌声。她的身边,是热情的人们。

面对突然到来的荣誉,海迪是冷静的,她的心里，对自己的未来已经有了规划。

早在第一篇通讯报道发表的时候，远在武汉的姑姑和姑夫在电视上听到玲玲的名字，有点不敢相信，马上打电话到莘县询问："《人民日报》和《全国各地人民广播电台联播》中报道的姑娘，怎么那么像咱们家的玲玲呀？到底是不是呀？"海迪的爸爸妈妈高兴地回答说："是的，就是咱们家的玲玲！"

海迪当时就给亲爱的姑姑、姑夫写了一封信：

姑姑，姑夫，你们收听中央人民广播电台二十九号的头条新闻了吗？看到二十九号《人民日报》的新闻报道了吗？请找一份念给奶奶听，我想奶奶、姑姑、姑夫都会高兴的。在那上面，你们将看到你们最熟悉的人的名字。多少年来，你们曾用汗水灌溉这棵不幸的小苗，在精神上鼓励她，在生活上关心她，使她懂得了人应该怎样去生活，去工作，去与疾病做斗争！她多少年来没有忘记你们的教诲，用自己最大的努力为人民服务。现在，报上介绍了她的工作和学习情况，是对她今后更加努力工作的鞭策。请你们放心,她会朝着新的目标前进的!

祝身体健康,工作顺利!

你们的玲玲
一九八二年一月二日

在海迪离开北京之前,共青团山东省委书记专程到北京看望她,并且告诉她,组织上考虑让她回山东以后担任团省委副书记。

然而,海迪摇摇头说:"我还是希望留在'自己的屋子里'。"

回到山东以后,海迪没有当团省委副书记,而是义无反顾地继续她漫长的追寻之旅——追逐她的文学梦。

为文学而战

海迪读过很多文学作品,那些作品在她的成长过程中给予过她精神的力量,她知道文学的力量是巨大的。她很羡慕作家,也曾希望有朝一日自己也能写作。

在莘县的时候,海迪家住在文化馆。海迪的爸爸是搞剧本创作的,爸爸的文友们常来家里聊天。海迪就跟爸爸学写剧本,还向爸爸的朋友们请教文学知识。

但因为海迪没有踏进过学校的大门,连一节像样的语文课也没上过,对文学创作的基本知识不了解,最初写的几篇作品连她自己都觉得太幼稚,离真正的文学作品距离太大。于是她放弃了创作,但还是一直坚持写日记，如饥似渴地阅读文学作品。

在自学英语的时候，海迪便开始了英文原著的阅读和翻译。她最早翻译的是英国小说家威尔基·柯林斯创作的长篇小说《月亮宝石》和希拉·道格拉斯的《海边诊所》。

在翻译《月亮宝石》的时候，一开始，海迪借助于英语词典，每天译一小段。但几个月以后，自己重读那些翻译出来的文字，却发现文字不顺畅，情节上也驴唇不对马嘴，甚至"史密斯冠约翰戴"了。

于是，海迪只好把整本书再从头阅读，不仅读这本书，还读跟这本书相关的时代背景介绍和其他知识，同时训练自己的综合想象能力和写作能力。

因为海迪走过了一条常人从没有走过的成长之路，海迪周围的人们常半开玩笑半认真地说："玲玲，你应该写一本书——《钢铁是如此炼成的》。"

一九八二年，《中国青年报》上刊登了美国盲聋女作家海伦·凯勒的作品《我生活的故事》，海迪被海伦·凯勒那种坚韧不拔的精神所感动，海伦的故事也启发了她，她下定决心，将来自己的文字水平提高以后,也要像海伦那样把自己的生活故事写下来。为了达到这个目的,她要坚持不懈地努力学习。

海迪想写本自传体小说,她计划将自己走过的路写成《我的爸爸妈妈》、《我的妹妹》、《我的天地》、《我的小花猫》、《我的小伙伴》(指农村的小伙伴)、《我的老朋友》、《我的秘密》等若干部分。她每天一有时间就构思,写作,她写了改,改了又写,费了很大的力气。

看看她日记里的片段,就会知道她为写作付出了多少努力:

一九八一年十月二日

小说的初稿已经完成,我自己不太满意,看了两遍,真想把它撕了。这只能怨自己太笨。我要撕毁这些手稿之前,想起了一句话:笨蛋虽笨,还有比笨蛋更笨的人为她喝彩。这是绝妙的话!我也用它来鼓鼓自己的劲吧。

不过,承认自己的笨,目前好像还为时过早,那样的承认是没有出息的。未来是光明而美丽的。

爱它吧，向它突进！为它工作！迎接它，尽可能地使它成为现实吧！

一九八一年十月十二日

我又写了一遍《幸福的开拓者》的初稿。但是，我仍不满意：人物语言不好，不简洁，没有很好地写出女主人翁的崇高境界……鼓起劲来，再把初稿写几遍，不懂的结构和语言问题就多请教老师，一切都会成功的，要相信这一点。

一九八二年二月一日

今天，已是二月的第一天了。时间过得真快，还没等你醒悟过来，它就在你身旁悄悄溜走了。

今天收获很大，一鼓作气把《我的妹妹》写完了。请张叔叔看了看，他认为真实可信，并且很同意这样写。张叔叔还提出几条意见，我进行了修改。晚饭时，我又将第二稿拿出来。

……

一九八三年四月，海迪翻译的长篇小说《海边诊所》在山东人民出版社出版了,海迪也正式开始了自己的文学生涯。她先是离开了莘县,调入聊城创作室,后来回到济南,在山东省作家协会创作室当了一名专业作家。

写作是寂寞、孤独而又艰难的事业,它需要坚强的意志,也需要强健的体魄和旺盛的精力。尤其是长篇小说的写作,对作家的身体和精神都是极大的考验。

海迪开始写作的时候,作家普遍还没有"换笔"(即改为用电脑写作),她的写作还是真正的"爬格子"。早晨,她的头脑里涌动着不息的激情,这激情促使她写作。而当她伏在桌前,麻木的身体很快就将她拖入了疲倦的深渊。她病残的身体无力支撑她,让她用笔追逐自己的灵感和思想,把已经在她的头脑里奔涌的句子和情节都写下来。而灵感总是稍纵即逝的。每当她的笔捕捉不到自己的思维,她的身体无法支撑她完成故事的叙述的时候,她心里就有说不出的痛苦,她常常感到灰心丧气。

她在疲倦中等待夜晚来临,希望自己能扑倒在

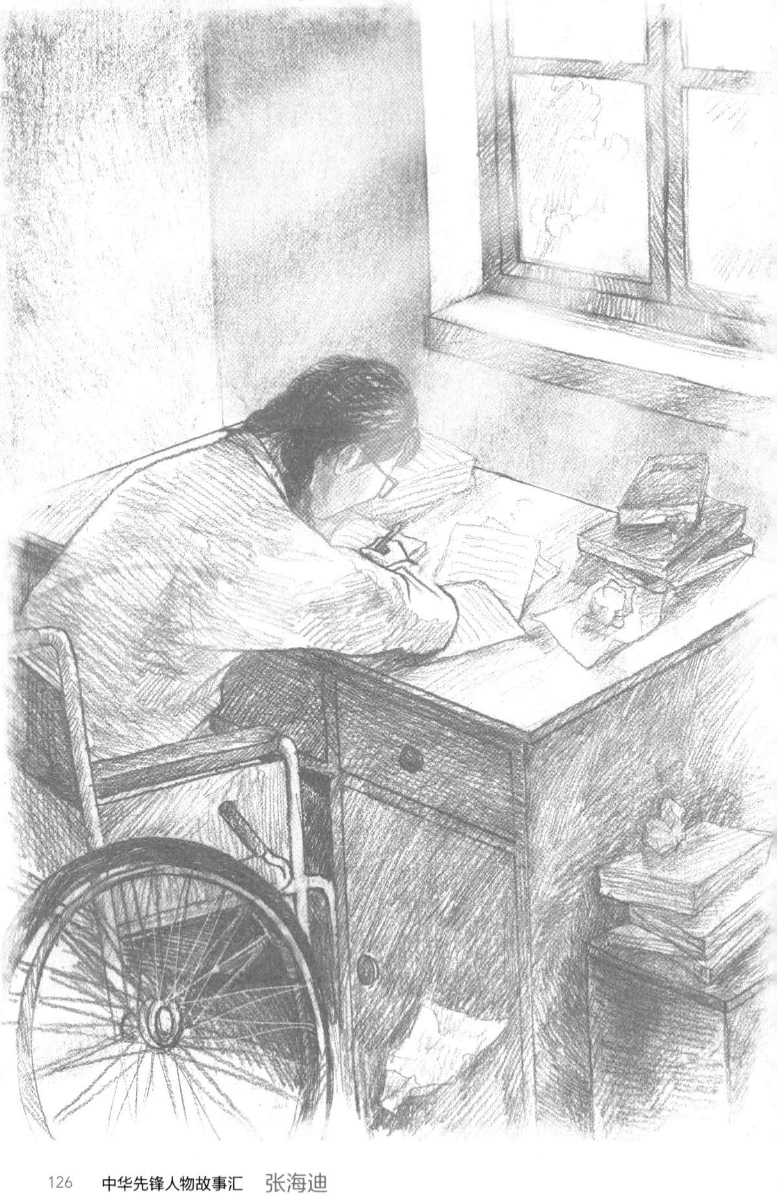

床上睡去，再也不醒来。然而，当夜晚真正来临的时候，她却又会大口大口地喝下一杯杯黑咖啡，让咖啡刺激自己的头脑，支撑自己麻痹的身体，用无力的手拿起笔去艰难地捕捉白天消失的灵感。

为了不错过自己头脑中的灵感、思绪、幻想，海迪日复一日夜复一夜地消耗着自己的生命，仿佛一个孤独的、伤痕累累的战士倒在被炸得千疮百孔的阵地上，用最后一口气顽强地站起来，打出自己枪膛里的最后一发子弹。

不管作品最后能不能发表，能不能变成铅字，海迪就这样在一杯杯黑咖啡的陪伴下，一夜夜地写，一直写到天亮。

她的脑子里反复回响的是一个古怪的句子："far from the madding crowd"（远离尘嚣）。

为了写作，从前热情开朗的海迪开始拒绝朋友的邀约。外面的世界充满了喧嚣和诱惑，但为了写作，海迪统统拒绝了。知道海迪的故事的人都会有一个印象：就像海迪一夜成名一样，海迪似乎又突然消失在公众的视线里。这是因为，海迪认为，她不是演员，不是明星，那些显赫的名声对她来说并不重要。她需要的是坚强的意志，她在意的是文学创作本身，是如何才能把自己的作品写得更好。

她习惯了每日坐在桌前，对文学保持一颗真诚和坚毅的心。她和自己书中的每一个人物朝夕相处，听他们诉说生命的短暂，唱着最后的歌……

终于有一天，海迪在她的第一部长篇小说《轮椅上的梦》的最后一行画了一个大大的句号。在画上句号的那一刻，她发誓再也不写了。她将厚厚的书稿寄出去的时候，甚至不希望从此以后听到有关它的任何消息。她匆匆整理了一下剩下的手稿，然后将整整两箱小说底稿交给了向她索要资料的档案馆。那天，她洗了头发洗了澡，仿佛一个囚犯获得了大赦，终于从监牢里被放了出来。那天的阳光很好，海迪将轮椅转到窗前的阳光下，深呼吸，张开双臂，从心里发出欢呼——这一切终于结束了！我再也不写了！

然而，仅仅过了两天，她便觉得心里空荡荡的。她急切地想写下一本书，写一本更好的、令自己更满意的书。

一九九一年五月，中国青年出版社出版了海迪的第一部长篇小说《轮椅上的梦》，全书三十多万字。这是一部自传体小说。作品塑造了一个名叫方丹的残疾女青年形象，通过这个形象，海迪回答了亿万青年关心的人生观和价值观问题。

一九九七年五月，作家出版社出版了海迪的散文随笔集《生命的追问》，全书二十五万字。这是海迪在一九九一年做完鼻癌手术后，忍受着化疗和放疗的折磨，靠着百折不挠的毅力一字一字写成的。这里有她对自己童年生活的回忆，对青春岁月的记录，也有她对生命与疾病、生命与死亡、生命与时间问题的思考。

二〇〇二年四月，人民文学出版社推出了海迪的长篇小说《绝顶》，全书三十万字。这是海迪用四年时间创作完成的，讲述了以肖顿河为代表的一群登山队员向人类生命极限挑战的故事。肖顿河们为读者展示了另一种人生和境界，他们在现实的登山壮举中虽然失败了，却登上了人类精神的"绝顶"。作品浪漫而悲壮，显示了海迪非凡的艺术想象力和创造力。

二〇〇七年七月，人民文学出版社又推出了海迪的长篇小说《天长地久》，全书二十六万字。海迪在小说的前言里说："很多年来，我一直有一个愿望——在我还能握住笔的时候，写一部关于星空的书。这个愿望来自我童年时对天空的冥想，也是成年后对时光飞逝如梭的怅惘。"在这部作品里，她以女性少有的宏大气魄描绘了无边的宇宙星空和壮阔的自然景象，塑造了天文学家杜克成、河流学家曾在平、雕塑家余锦菲、动物学家朱丽宁等别具尊严和精神力量的知识分子形象，深刻而理性地探照了现代人的心灵。海迪说："如果说《绝顶》是一种精神攀登，《天长地久》则是我心灵的咏唱，是我对不可知的未来最美好的期盼。"

迄今为止，海迪已经创作出版了《轮椅上的梦》《向天空敞开的窗口》《孤独的碎片》《鸿雁快快飞》《生命的追问》《绝顶》《天长地久》《我的德国笔记》《美丽的英语》等数百万字的文学作品，还翻译出版了《海边诊所》《丽贝卡在新学校》《小米勒旅行记》《莫多克——一头大象的真实故事》《一只旧箱子》等作品。

海迪的文学作品充满着生命的激情和思辨的色

彩，在艺术上独树一帜。她是一级作家，山东省作家协会副主席，中国作家协会全国委员会委员。她的作品获得过全国"五个一工程"奖、全国优秀青年读物奖、中国女性文学奖、庄重文文学奖等许多重要奖项。

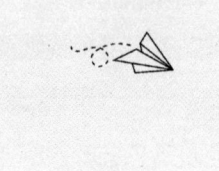

爱情的故事

海迪从小就爱美。轮椅禁锢了她，她不能像别的小姑娘一样奔跑，跳跃，到外面广阔的世界里去探索，但轮椅也给了她更多安静的时间和独立思考的空间，让她有更多的时间读书，审视自己的灵魂，探索生命的意义。

她读过很多文学作品，在文学作品中，女性的头发飘起来，像轻风，像云朵，像黑色的火焰，披在肩上像青丝，像瀑布，像闪光的缎子。所以，年轻的时候，海迪一直留着披肩长发，中年以后，她的头发也是披肩的，烫着雅致的波浪，知性而美丽。

很小的时候，海迪就偷偷收集和临摹了一些中外文学作品中的人物插图，尤其是中国古代的仕女图、外国文学作品里的女性图。爸爸妈妈上班去了，妹妹上学去了，家里只剩下海迪一个人的时候，她就悄悄地比照着那些人物画像打扮自己。尽管她只能坐在轮椅上，但她想着哪怕是坐在轮椅上，姿势也要美，自己的样子也要是美的。

海迪的下肢完全没有知觉，如何控制自己的大小便对她来说是一件特别艰难的事情。为了让自己干净整洁，为了不给别人添麻烦，海迪自己摸索，养成了每两个小时上一趟洗手间的习惯。经过日复一日刻板的训练，海迪自己头脑里已经形成了生物钟，她不用看钟表，也能做到每两个小时自动去一趟卫生间。

正是这种对于美的追求与向往，对自己严苛的要求，让我们无论什么时候看到海迪，她都是优雅的，明亮的，整洁的。

海迪说，越是残缺，越要美丽。

海迪是在书籍的滋养下成长起来的。在长期的病痛中，是一本本书让她沉静下来，一本本书也牵着她的思绪四处漫游。

童年时代的一天,海迪读到了一本画册,书名叫《灰姑娘》,她一下子就被迷住了。

在那本书里,不幸的灰姑娘遇到了真心爱她的王子,从此以后,他们就幸福快乐地生活在一起了。

读过这本画册以后,小小的海迪心想:不幸的海迪哪一天也能遇到一个真心爱她的王子呢?

有一天,海迪小屋的窗口探进来一个脑袋,那是一个男孩子,他有一双大大的黑眼睛。

海迪问他:"你是谁?"

男孩子说:"我是我。"

原来他是邻居家的孩子,就住在海迪家楼上。

男孩子天天来找海迪玩。他喜欢给海迪的闹钟上弦,听它丁零零响。他和海迪两个人假装住在很远的地方,相互"打电话"玩。

男孩子把自己最喜欢的书抱来和海迪一起读。

有一天,男孩子抱来了自己的"万宝箱",箱子里有小锤子、小钉子、小铁片、小木块、橡皮

爱情的故事

筋……男孩子用这些东西做了一只漂亮的小船,小船的船头下面钉了一个用木片做的螺旋桨。男孩子用脸盆打来一盆水,拧紧螺旋桨上面绷着的橡皮筋,把小船放在水盆里,松开橡皮筋,小船就飞快地在水里跑起来了。海迪快乐地欢呼着,觉得这个男孩子是天底下最聪明的人。她悄悄地想,等自己的病好了,一定要和男孩一起去上学,还要和他同桌。

那时候,男孩子十岁,海迪八岁。

然而有一天,男孩子来跟海迪说:"从今往后,我们不能一起玩、一起'打电话'了。"

"为什么呢?"海迪问。

男孩子说:"我今天要搬家了,要搬到南京去了。"

海迪拼命抬起眼睛看天花板,可是,眼泪还是流了出来。她知道,自己其实特别喜欢那个男孩子,可是男孩子要离开了,她一点儿办法也没有,只能让他离开。

像每个女孩子一样,海迪在少女时代就开始了对爱情的向往和憧憬。她常会和小女伴们讨论爱情，猜想将来的那个"他"会是什么样子的。

有一天，一个女伴说："他应该有高高的个子，戴一副眼镜，他得是个共产主义者……"

说起这些的时候，女伴们的眼睛亮亮的，海迪的眼睛也亮亮的。

有一段时间，海迪喜欢上了一个男孩子，那个男孩子也喜欢海迪。

他们一起学习，一起去看电影。他推着她，她坐在轮椅上，心幸福得想飞。

几年以后的冬天，男孩子带着一个女孩子来到海迪家，对海迪说，这是我的表妹。

女性的直觉让海迪多看了那个女孩子一眼——女孩子穿着毛毛领的大衣，就像电影里的冬妮娅，她真漂亮，关键是，她那么健康。

从那天起，敏感的海迪发现男孩子和自己疏远了。她能想象得到，在现实的生活和理想的爱情之间，男孩子心中的天平倾斜了。

海迪的心碎了。

一天黄昏，朋友们推着海迪去看露天电影。在小巷的尽头，海迪看到了那个男孩子，还有他的"表妹"，他们手挽手走在一起。

那一瞬间，海迪的心像针扎一样疼。

但她无能为力，她知道，自己的残疾太重了。她只能看着那个男孩子离开自己，就像当年看着那个小伙伴去南京一样，无能为力。

又有一天，海迪像往常一样坐在院子里的阳光下读书。冬天没有风的日子，院子里的阳光比屋里微弱的炉火更温暖。

突然，看门的大黑狗猛地跳起来，冲着门口吠叫。海迪喝住狗。门被推开了，一个挺拔的身影出现在海迪面前。

啊，一个年轻英俊的军人！

海迪一时不敢相信自己的眼睛，她激动得说不出话来。

海迪很早就认识他了，当时他是一个十七岁的少年，海迪是个十四岁的少女。他常常送书来给海迪看，陪海迪聊天。海迪在他的面前总是脸红，她担心自己没有读懂他带给她的书,担心他看不起她这个双腿残疾的女孩子。

后来,这个少年到遥远的北国去当兵了,但他常给海迪写信,还给她寄书,寄歌本。

在一封信中,他说:"我总有一天会回来看你,无论你在天涯还是海角,我有很多话想要告诉你,当你还是个小女孩的时候,我就想对你说……"

海迪把这封信当作一个承诺。

在那以后,又经历了多少年的期盼和等待啊!而今天他终于推开门,穿着一件洗得发白的军上衣,站在了海迪的面前。

一连几天,他都来陪海迪,给她讲自己这些年来在军马场的生活。

他说:"海迪,你知道吗?你比小时候健康了,也漂亮了,不再是那个病孩子……"

海迪的心里涌起了欢乐的波澜,像一切恋爱中的女孩子一样,她很在乎他每一句赞美的话,喜欢在他的赞美中发现和证明自己的美的存在。

她等待他要向她说的话,因为他说过,那些话他多年前就想说,当海迪还是一个小女孩的时候就想说。

可是,他始终没有说。

在他即将返回部队的前一天晚上,他又来了,他推着海迪,两个人一起去看电影《奇普里安·波隆贝斯库》。

这是一部罗马尼亚音乐传记片,也是个爱情悲剧。男主角波隆贝斯库是一个命运悲惨的爱国音乐家,孤独、清贫、体弱的他爱上了一位美女,可惜有情人难成眷属。年纪轻轻,波隆贝斯库就在贫病交加中死去了。

看完电影,他推着海迪在洒满银白月光的雪地里走了很远,最后停在一棵落满白雪的大树下。

他说:"这电影真好,悲剧才能打动人,在生活中,真正的爱情几乎都是以悲剧而终结的……"

海迪似乎已经明白他想说什么了。海迪哭了。海迪说:"假如我能站起来……"

他说:"海迪,其实,在我的印象中,你永远是站立的,你永远是美的……我其实很恨我自己,我恨我自己没有勇气,我很想对你说我所渴望、你也渴望的那三个字,但是我不能不负责任。在你的面前,我感到惭愧,我不配再说什么……但我还会给你写信。"

"你不要再给我写信了,我不希望再看到你的信。"海迪说。

他走了。海迪只能悄悄地哭,无助而绝望,就像童年时代得知那个男孩子要去南京,他们再也不能一起玩;就像几年前,看着那个男孩子离开自己,挽起那个穿毛毛领大衣的女孩子的手。

海迪只能把痛苦嚼碎了,自己吞下去。

她憧憬爱情,却也不敢再幻想爱情。

然而,真正属于海迪的爱情,却在最恰当的时候,猝不及防地降临了。

一九八二年元旦刚过,安徽巢湖油泵油嘴厂一名个子高高的、戴眼镜的计量工人翻开一张《人民日报》,读到了头版头条位置上的那篇报道——《瘫痪姑娘玲玲的心像一团火》。这个小伙子立即被玲玲的事情感动了,他给玲玲写了一封信,表达自己对她的深挚敬意。

这名青年叫王佐良。

海迪读到王佐良的信时，也十分感动，给他回了一封信。

过了没多久，王佐良居然从巢湖跑到莘县来看海迪。见到真实的海迪，王佐良完全被她的美丽、乐观、坚强所吸引。王佐良回去以后，给海迪写来了一封情真意切的情书，向海迪表达自己的爱意，他愿意和海迪一生相守。

海迪看了王佐良的情书，既震惊，又感动。

两人书来信往一段时间以后，彼此都加深了了解，他们决定不顾世俗的目光，携手走进婚姻的殿堂。

王佐良是从上海到安徽插队的知识青年，他的父母在上海。在正式决定结婚之前，王佐良征求了父母的意见。父母虽然有些担忧，但还是尊重了儿子的选择。

一九八二年七月二十三日，海迪和王佐良完成了他们的终身大事。

当王佐良千里迢迢来到海迪身边的时候，海迪忽然想起了少女时代和伙伴们憧憬爱情时说过的话：高高的个子，戴一副眼镜，他得是个共产主义者……再打量眼前的王佐良：他个子高高的，戴一副眼镜，正是一个共产主义者……海迪忍不住笑了起来，笑得止也止不住。

王佐良问她为什么笑，海迪调皮地说：

"不能告诉你，这是我的秘密。"

海迪和王佐良刚结婚的时候，社会上有各种议论，连海迪自己也对他们两个人的婚姻能走多久没有把握。因为爱情是需要时间考验的，婚姻更是如此。

一九九一年，海迪被查出鼻部患有基底细胞癌，需要做手术。在做手术之前，海迪想到了可能会发生的意外，她对王佐良说："如果我能活下来，我很幸运，希望还有和你一起生活的机会；如果我不幸去世了，希望你找一个健康的、比我还要好的女人好好生活。"听了海迪的话，王佐良握着海迪的手，安慰她说："没事的，肯定没事的，手术肯定会成功的！"

海迪在手术台上忍受着痛苦，王佐良在手术室外面经受煎熬。海迪从手术室被推出来的时候，王佐良第一个冲了上去。看到海迪的脸被绷带缠得严严实实的，还渗着血，王佐良难过地哭了。看到王佐良这样难过，海迪虽然忍受着巨大的痛苦，但还是用一贯的幽默口吻来安慰他："还好现在不是在战争年代；如果是在战争年代，你肯定是一个标准的叛徒，要不然为什么我做个手术你都能吓成这样呢！"

从一九八二年到现在，三十七年过去了，他们依然爱得那么无私，只为另一半着想，单纯地希望对方幸福。

王佐良不仅一直默默地站在海迪的身后支持着她，他也有自己的事业。王佐良精通英语和德语，后来还到加拿大留学，二〇〇七年又和海迪一起到德国做访问学者。王佐良在一所著名大学的外语系任教，他还和海迪共同翻译了《莫多克——一头大象的故事》，这本书获得了第四届全国优秀外国文学图书奖。

和海迪结婚以后，王佐良几乎没有外出理过发，他的发型全是海迪亲自打理的。

海迪虽然只能靠轮椅移动，但她还是尽可能地做一些家务活，比如扫地、擦桌子什么的。王佐良不会做饭，海迪喜欢做饭，家里厨房太小，轮椅进不去，她就配好各种食材，备好佐料，让王佐良代替她"操作"。

海迪和王佐良特别喜欢散步。散步很简单，只需要健康的双腿、闲散的心情、怡人的景色。王佐良背着海迪，这样腿就有了。为了避开围观的人群，他们选择在家里散步，这样闲散的心情也有了。怡人的景色全在海迪的想象里，在海迪文采斐然的语言描述里。海迪靠在王佐良的身上，不断描述自己想到的风景——一排柳树，一片绿湖，一片开满鲜花的原野，一场突如其来的疾风迅雨……

有一次，海迪问王佐良："你对我厌倦过吗？"王佐良俯下身子，握着海迪的手说："我永远都不会的，因为你每天都给我新的热情和活力。"

但是，海迪说，她最大的心愿是，如果有一天她不在了，希望能有一个健康的人来陪伴王佐良。

从零到三百三十八环

海迪的书橱顶上放着一台精美的钟表,它的造型很特别,弧形的顶部伸出一根细长的钟摆,钟摆每天不知疲倦地摆动着,一刻不停。在它的摆动中,白昼逝去,夜晚来临。伴随着它的摆动,生命的年轮从清晨,到正午,再走向午后,黄昏……

在钟表的摆动中,海迪病残的身体被困在轮椅上,十年,二十年,三十年,四十年,五十年……再过两年,就满六十年了。

海迪一直用自己顽强的意志,让自己的生命挣脱轮椅的束缚,获得解放,让自己的灵魂飞翔起来,战胜时间,融入永恒。

一九九一年,海迪出版了她的第一部长篇小说

《轮椅上的梦》,这部作品因为充分调用了海迪自己的生命经历,因而她把它完成之后,便感到自己的脑海几乎枯竭了,像一块干涸的土地。当时,她刚刚因为鼻部基底细胞癌在上海中山医院做过手术,还在接受化疗和放疗。她大量脱发,身体状况很差,但她急切地想学习,想读书,想充实自己。她选择了最难读最枯燥的哲学作为自己生命能量的补充,并且参加了吉林大学研究生入学考试。

在以后的两年时间里,她投身到了一场声势浩大的学习中,她读柏格森、笛卡儿、康德、罗素、尼采、潘恩、舒马赫、梯利、冯·皮尔森……她借助于哲学,再一次认识自己,再一次思考人是什么,生命的意义与价值何在。

这一次系统的哲学学习,让海迪再一次拓展了精神的天空。回顾人类历史的长河,海迪发现,在社会与自然的双重制约下,人显得渺小和孱弱,但人也一直努力在渺小和孱弱中创造伟大和强健的品格,在有限的生命之旅中谱写人类道德与创造力的辉煌和无限。疾病与健康,体力与意志,思维局限与创造欲望,每时每刻都在进行斗争,属于社会的道德责任与属于自然的生命成为永恒的矛盾和主题，但也总在那些目光远大、矢志奋斗的人身上达成高度的和谐与统一。

海迪选择《文化哲学视野里的残疾人问题》作为自己的研究课题，一九九三年四月，海迪通过论文答辩，获得了吉林大学哲学硕士学位。

一九九四年九月四日至十日，第六届远东及南太平洋地区残疾人运动会（简称第六届远南运动会）在北京举行。中国残疾人体育代表团有六百名运动员参加了这次盛会，海迪是其中之一，她参加的是女子气手枪40×10米射击比赛，她带着她的朋友"瓦尔特"走上了赛场。

"瓦尔特"是一把气手枪。在那年夏天，它与海迪"相处"了两个多月。对海迪来说，那是极其难忘的日子，是她对自己的又一次挑战。

一九九四年，当听说第六届远南运动会将在北京举办的时候，海迪就给组委会写了一封信，申请参加残疾人羽毛球比赛。组委会回信说，像海迪这种高位截瘫是不能参加羽毛球比赛的，组委会邀请她参加射击比赛。

在健康人看来，海迪被疾病剥夺了自由，只能终生在轮椅上生活，可是她觉得残疾可以剥夺一个人的行动自由，却不能限制她的心去飞翔。海迪平时非常喜欢看竞技体育比赛，小时候的海迪也曾想当运动员、舞蹈家，身体残疾限制了她在现实生活中实现自己的梦想，但在想象中，海迪总是跑得很快，能追上骏马，追上白云，简直就像科幻片里的超人。

一九九四年六月十六日，海迪来到山东省竞技体育学校，正式参加训练。

学校安排获得过"全国十佳射击教练"称号的邓伟光做海迪的教练。

这是一次国际性的比赛。对一个以前从来没有摸过枪的人来说，要在短短两个多月的时间里达到参加国际大赛的水平，其难度之大，可想而知。

邓教练开始给海迪上第一课，他小心翼翼地打开一个小箱子上的锁，掀开盖，里面躺着一把很漂亮的气手枪，乌黑精致的枪管，配着棕色的木把手。

海迪拿起枪,忍不住叫起来:"这么重啊!"

这枪握在手里都沉甸甸的,举起来会怎样呢?

枪的把手上贴着一些花花绿绿、形状各异的不干胶标记,邓教练告诉海迪,这是瓦尔特参加各种比赛的纪念贴。海迪仔细读着上面的英文:北京亚运会射击比赛、德国慕尼黑国际射击锦标赛……

邓教练还告诉海迪:"这把枪可是世界冠军许海峰用过的。"

海迪很惊奇,也很高兴:"你要我用奥运冠军的枪进行训练吗?"

邓教练不理会海迪的惊奇,而是表情严肃地指导海迪开始做举枪瞄准的动作。他要海迪平伸胳膊,保持稳定,可海迪的手却一个劲儿发抖,就像筛糠一样。邓教练告诉海迪,一个好的射击运动员首先要有良好的身体平衡能力和手臂的稳定性,要做到这一点,只有苦练,苦练,再苦练。

邓教练说:"暂时先不练举枪瞄准了,你先打几枪,找找感觉吧。"

海迪在靶位前举起枪,平心静气,眯起眼睛,瞄准前方十米处靶纸的中心——十环在哪里呀？透过眼镜片，海迪只觉得靶纸中央是一个黑洞，她根本看不见十环，更不要说打在十环上了。一层冷汗从海迪的前额冒出来，她的手臂也颤抖起来。

砰！一声清脆的枪响。

海迪赶紧问："几环？"

邓教练朝天看看，笑着说："你的子弹不知道飞到哪儿去了。"

海迪有点着急，甚至有点后悔选择了这样一个技术要求很高的运动项目。

邓教练安慰她说："射击一定要先把心稳下来。我们还是一步一步慢慢来吧。"

那真是一个挥汗如雨的夏天。

每天早晨八点，海迪就来到了射击馆。

举枪。

瞄准。

放下。

举枪。

瞄准。

放下。

……

在邓教练的口令声中，海迪一次次举枪又放下，每天单调而重复地训练着。一个上午要举枪练习三百多下，每次举枪时间保持三十秒，但为了更好地训练自己手臂的平衡性与稳定性，海迪总是要多保持几秒。

几天下来，海迪的胳膊已经疼痛得抬不起来，肌肉又热又疼又紧张，晚上甚至疼得睡不着觉。

但她继续坚持。

海迪一边训练，一边读厚厚的《射击运动学》，书里有射击技术要求和标准，还有一大堆射击运动员的心理分析。她一边读，一边联系自己的训练进行实践，慢慢地，海迪悟到了一些射击的要领，她打出的子弹从四周开始向靶心聚拢。十多天后，海迪已经能打很多八环、九环了，有一天甚至还打了一个十环。她继续重复着举枪、瞄准、扣扳机的动作，觉得自己简直像个机器人。

邓教练说："射击运动员的动作就要像机器人，机械而准确地完成每一个动作。"

154 中华先锋人物故事汇 张海迪

海迪最怕过夏天，因为夏天天气热，衣服穿得薄，她长时间坐在轮椅上，容易磨破皮肤。

七八月份，正是山东省最热的时候。由于长时间坐在轮椅上训练，海迪的胳膊磨破了，整天贴着橡皮膏。她腰部的皮肉在轮椅扶手上磨出了血，血迹渗透了运动衣，但她用纱布包好后，又继续训练。

海迪由于从小患病，长时间坐在轮椅上，缺乏有氧训练，她的肺活量只相当于儿童的水平。而射击馆里不能随便用空调和电扇，因为风向和风速会影响子弹的速度和弹道的准确。海迪只能每天在难耐的闷热中坚持训练，汗水从她的额头上流下来，眼镜片不时变得迷迷蒙蒙的，更多的汗水从鬓边流下来，T恤衫每天湿乎乎的，一拧就能拧出水来。

由于每打一枪都要长时间屏住气息，海迪的头部缺氧，她感到头晕头痛，感到恶心想吐，她觉得如果躺下，自己就再也起不来了，再也坚持不下去了。

因为体力实在透支得太厉害，海迪真的躺了几天，但是，在虚弱乏力中，她的耳边总是响起砰砰的枪声。体育运动是锤炼意志的最残酷的方式，当运动员就要尝遍所有痛苦的滋味。海迪告诉自己：绝不能退缩，一定要坚持下去。

于是，海迪又爬起来，再一次举起枪，让汗水和泪水一起流下来……

九月五日上午十点，海迪来到了北京西郊射击场十九号靶位，稳稳地举起了手枪。按比赛规则，她要在一小时十五分内打完四十发子弹。

由于报名参加女子气手枪四十发SH3级的只有她一个人，这个项目只能被列为表演项目，但海迪说："不管是表演赛，还是正式比赛，我都要打出水平。"

一个多小时过去，四十发子弹只剩下最后一发了，但海迪的手指肌肉因为紧张已经变得僵直，好几次举起枪，却怎么也扣不动扳机。海迪深吸一口气，慢慢举起手，又慢慢放下；举起枪，又放下；再举枪，再放下。她四次举枪，四次放下。

在举枪放枪的过程中，海迪充当着自己的心理医生，告诉自己：镇定！

她放下枪，坐了整整一分钟。

她再一次举起枪，随着一声清脆的枪响，她打出了一个漂亮的九环，完成了比赛。

邓教练站在海迪的身后，悄悄地对她说："很好，三百三十八环，平均每发八点四五环。你知道吗？这是一个身体健康的运动员也要花上大半年时间训练才能获得的成绩。"

海迪把气手枪还给邓教练，和瓦尔特说再见。

零到三百三十八环的过程，对海迪来说，也是再一次认识生命、认识自己的过程，是发现自己的潜能、磨砺自己的意志的过程。

海迪说："我在想，我们每个人都有很多潜能，当你发掘自己的潜能，并且勇敢地去实践之后，你也许会获得一份意外的喜悦；当你看到自己努力的结果，你也许会惊叹，原来我也行！但是，面对严峻的挑战时，必须铸造一颗非凡的心。非凡的心才能产生非凡的勇气，非凡的心才能喷涌非凡的激情，富于激情的人才能创造非凡的生活。虽然铸造非凡或许要经历炼狱般的痛苦，但最终获得的却是更丰富的人生体验……"

更广阔的世界

一九八三年,当全国掀起学习张海迪的热潮的时候,共青团山东省委提出让海迪担任团省委副书记,而海迪选择了从事文学创作,她主动从人们的视野里退隐,潜心读书和写作。

但海迪一直在关注残疾人的事情,为残疾人的权益呼吁。

一九九八年,海迪欣然接受了一个重要的职务——中国肢残人协会主席。

上任以后,海迪就开始了辛勤的工作,她下基层去看望残疾人朋友,去福利院、特教学校和残疾人的家庭了解情况。海迪自己是残疾人,她小时候想上学,但因为学校没有招收像她这样的残疾孩子的先例，被一次次拒绝了；一九七三年从尚楼村回到莘县以后，因为肢体残疾，迟迟不能安排工作，她一度陷于迷惘。因为有过这样痛苦的经历，作为残疾人的海迪深知残疾人生活的艰难与心里的困惑，她呼吁社会关注残疾人的生活，支持残疾人事业，激励残疾人自强自立。

一九八五年，一群残疾人为了证明自己的能力，摇着老式轮椅，从陕西来到北京。那时候的轮椅十分笨重，摇起来需要很大的力气。从陕西到北京那么远的路，全靠手摇过来。海迪看到残疾人朋友们这么积极向上，心里十分敬佩。

一九八八年，海迪到日本访问的时候，一位残疾人工场场长邀请海迪去参观残疾人工场。当海迪坐上车以后，工场场长说："请您坐好，我可能会开得比较快，其实我和您一样，也是脊髓受到损伤的人。"

听到这里，海迪十分震惊，心想：他这样，怎么可以开车呢？

海迪坐在车上，看到那位场长熟练地驾驶着汽车，行驶在高速公路上，才叹道："原来残疾人也可以驾驶汽车，也可以像其他人一样开得飞快，开得这样自由！"

经过这些事情，海迪深刻体会到，残疾人应该有自己生活的权利。一九九八年，海迪当上全国政协委员以后，就开始为残疾人朋友争取权利。她想，在政协会议上代表残疾人表达诉求，为争取残疾人的权益、改善残疾人的生活提出意见和建议，比单纯当作家更有意义。

一九九九年，海迪提出了《关于残疾人驾驶机动车辆的提案》。二〇〇〇年，海迪提交了《关于残疾人驾驶汽车的提案》。虽然这两份提案并没有能够顺利通过，但二〇〇一年，海迪又提交了《关于允许有能力的残疾人驾驶汽车的提案》。提案依然没有获得通过，但海迪没有放弃，她连续十年，一直坚持以"残疾人驾驶汽车"这一主题做提案。

二〇〇五年，海迪参加了在黑龙江举办的残疾人汽车现场会，她在那里学会了驾驶改造过的适合残疾人开的手动汽车。通过这件事，海迪更加坚定了为残疾人争取驾车权利的信心。

之后，海迪又参加了一个由中国残疾人联合会

更广阔的世界

组织的名为"残疾人驾车神州行"的活动，这个活动主要是由残疾人驾车从黄帝陵出发，一直开到长城脚下。在活动的启动仪式上，海迪说：

"亲爱的朋友们，大家不要着急，总有那么一天，我们也能像正常人一样驾驶着汽车去工作，在节假日开着汽车载着我们的家人去游玩，大家可以向自己所向往的方向驶去。我相信这一天一定会到来的。"

在海迪的坚持和其他残疾人朋友的共同呼吁下，海迪的《关于残疾人驾驶汽车的提案》终于被有关方面采纳。二〇〇九年年底，公安部出台了《关于修改〈机动车驾驶证申领和使用规定〉的决定》，在《决定》的第十二条中，进一步放宽了残疾人申请驾驶执照的身体条件，明确规定，在配备辅助设施，并确保安全的条件下，允许右下肢和双下肢、手指有残疾，听力有障碍等三种人员申请驾驶执照。此规定于二〇一〇年四月一日正式实施。这既是由于国家对残疾人事业的不断重视，也是海迪长期坚持不懈地呼吁的结果。现在，我国已经有部分残疾人拿到了驾照。

二〇〇八年，海迪当选中国残疾人联合会第五届主席。这既是她几十年来努力奋斗的结果，也是众望所归。

在当选的时候，海迪曾说："我要振奋精神，让自己的精神飞翔。我也希望在困境中的残疾人兄弟姐妹要有信心，生活在改变，一定会越来越好……我和很多同志都会尽最大的努力，为残疾人拥有更好的生活贡献自己的力量。"

海迪是这么说的，也是这么做的。作为残联主席，这些年她一直深入基层调研，听取残疾人的心声，为残疾人的康复医疗、托养照料、无障碍出行、融合教育、残疾人家庭脱贫、就业创业等方面奔忙。

无障碍环境建设是社会建设的重要内容，彰显了人道主义精神和人文关怀，所以，海迪多次呼吁："城市建设要有前瞻性。要让一切身体不便的人都生活得更舒适，更有尊严。"她还多次建议，要创造条件保障残疾人平等参加高考。

二〇一三年，海迪因其在文学创作领域的成就和为推动中国残疾人事业进步所做的贡献，被英国约克大学授予荣誉博士学位。

二〇一四年，海迪在波兰华沙高票当选世界残疾人权利和康复领域的重要国际组织——康复国际二〇一六至二〇二〇年度主席，于二〇一六年十月在英国爱丁堡正式履职。

康复国际成立于一九二二年，是一个跨领域、跨残疾类别的国际性非政府组织，致力于促进残疾人康复和福利，在全球一百多个国家和地区拥有会员组织。海迪是康复国际近百年来迎来的首位华人女性主席，《人民日报》指出："张海迪履职康复国际主席是中国残疾人事业发展的又一新标志，是中国深度参与国际残疾人事务，长期积极开展残疾人事业对外交流合作的具体体现。"

二〇一五年五月，美国麻省大学波士顿分校举行一年一度的学位授予仪式，海迪被授予人文艺术及文学荣誉博士学位。麻省大学波士顿分校校长莫特里在学位授予仪式上说，张海迪是一位优秀的作家和活动家，她坚强、勤奋的品格和学术包容精神为社会树立了杰出的榜样。麻省大学波士顿分校授予张海迪荣誉博士学位，既是对她个人成就的高度认可，也是对中国残疾人事业进步的赞赏。

二〇一八年九月十六日，中国残疾人联合会第七次全国代表大会在北京闭幕，海迪再次当选为中国残疾人联合会主席。

二〇一八年十二月二十五日，在德国柏林举行的康复国际会员代表大会上，海迪再次高票当选康复国际下一届主席，任期为二〇二〇年至二〇二四年。

海迪连任康复国际主席是各国同行对其履职两年工作的高度认可，更体现了国际社会对中国残疾人事业发展成就的充分肯定。康复国际执委及会员代表纷纷向海迪表示祝贺。康复国际司库苏珊·帕克女士表示，张海迪担任主席两年来，以务实高效的作风率领康复国际制定新的战略规划，确定重点领域，大力推进一系列改革措施，各成员对康复国际未来的发展前景充满信心。

海迪还于二〇一七年七月竞选过国际残奥委会（IPC）主席，海迪在竞选宣言中说："作为女性残疾人，我最懂得残疾人的痛苦与渴望。我是中国残奥运动的领导者，我的团队获得过残奥'四连冠'。

我认为IPC主席应有非凡的人格魅力、卓越的组织领导力和强大的资源整合力。我具备领导IPC的能力。"

作为中国残联主席和康复国际主席、中国残奥委会主席，海迪确实具有非凡的人格魅力、卓越的组织领导力和强大的资源整合力，还有勇攀绝顶、永不放弃的坚韧不拔的精神。

早在一九九七年，海迪就被日本NHK（日本放送协会）列为"世界五大杰出残疾人"之一；二〇〇一年，海迪被新华社《环球》杂志列为"环球二十位最具影响力的世纪女性"之一；二〇一〇年四月二十八日，在北京大学百年讲堂正式公布的首届"中国心灵富豪榜"中，海迪入选"中国心灵富豪榜风云榜"。

如果说二十世纪八十年代海迪是因为机缘巧合成为一个时代的偶像，那么如今的海迪，已经用几十年的坚实脚步，用几十年的时光，将自己塑造成了一个真正的传奇。

海迪的成功，既是她自己努力奋斗的结果，也离不开呵护她成长的父母、给予她无微不至的关怀的社会。同时,她赶上了中国改革开放的大潮,全社会对知识的尊重,对个人奋斗的认可,都是促使海迪在疾病造成的磨难中努力追求知识的动力。

一九八二年十二月十七日,海迪被吸收为中国共产党预备党员,在《入党志愿书》中,海迪说:

> 作为一个病残青年,我无时无刻不感受到党的温暖。没有党的关怀,就没有我的生命,更没有我的今天。特别是当我在生活中克服一点儿困难,在工作中做出了一点儿成绩的时候,党又给我以很高荣誉,使我时时有一种无功受禄之感。我付出的太少了,得到的太多了,纵然献上我的青春和生命,也无法报答党和人民对我的厚爱。

正是因为怀着这份对党和人民的感恩之情,海迪不断挑战自己的命运,一步一步走向了更加广阔的世界和人生的舞台。

海迪多才多艺,她唱歌获得过全国百家电台选送歌手金奖，她画画在国内外举办过油画展，她的翻译作品和文学作品更是获奖无数，得到专家和读者的普遍好评。如今，她又身居要职，在国际国内都具有重要的影响力。

在一些人看来，海迪什么也不缺——有名气，有地位，出了那么多书，书还一版再版，但海迪说，如果能换一个健康的身体，她宁愿放弃这一切。

海迪记得，自己十一岁的时候，妈妈请来一位军医给她看病，军医对妈妈说，这孩子十八岁双腿就会挛缩起来，再也伸不开了。医生走后，妈妈说："我不相信，你要好好锻炼，你的病一定能好。"海迪虽然不完全懂得医生的话，但懂得妈妈的话。

海迪十八岁的时候，双腿并没有如医生所说的挛缩起来伸不开，妈妈想起了医生的话，有点得意地说："你看，我说的对吧！"

一九七六年十二月，海迪做第四次脊椎手术的时候，医生对她的病情的估计并不乐观，他们说了海迪会死去的几种可能：一、肺炎；二、泌尿系统感染；三、褥疮——这是脊髓损伤的病人最可能死去的原因。

但海迪顽强地活了下来。

多年以后,海迪见到了山东省立二院神经外科主任张成先生。童年时,他是海迪的主治医生。张成先生已经老了,他说没想到海迪能活到现在,是什么原因他也说不出来,只是不停地说,乐观坚强是第一!

后来,在全国两会上,海迪还见到了著名神经外科专家王忠诚教授。一九六五年,海迪妈妈带她到北京治病,要找的最好的医生就是王忠诚教授。几十年后,海迪活着,还和他一起开会,连海迪自己都觉得不可思议。

如今,海迪已经六十四岁了。她坐在轮椅上,像一幅层次丰富的油画。她永远是一头卷发,坐姿挺拔,笑容美好。她的身上,永远是精致合体的衣裙,脚上总是时尚而经典的高跟鞋或者小皮靴。难怪有人说,海迪的奋斗史同时是她的美丽进化史,她赋予了不同年龄不同的美,以鲜明的个人化风格迈上了一个残疾女子所能抵达的美学高点,像一段永远不肯被定义的传奇,总有出人意料的绽放。

现代医学延续了她的生命,她顽强的生命力一次次粉碎了医生的预言。

虽然残酷的命运很早就将她束缚在轮椅上,但她说:

> 我是一只白色的鸟,
> 不知道天有多高云往哪里飘;
> 我是一只寻梦的鸟,
> 不管路有多长也要去寻找;
> 无论是风雨还是雪雾,
> 都遮不住我的眼睛;
> 即使翅膀断了,
> 心儿依然飞得更高;
> 我要飞,我要向着未来,
> 我要飞,我要向着永远……

祝福海迪,愿她这只勇敢的鸟儿,飞得更高,飞得更远!